HEINZ BOYER

SETZEN, 5!

AUFGEZEICHNET VON MARTINA BAUER

DIE PÄDAGOGISCHE HERAUSFORDERUNG
IST EINE ANDERE ...

INHALTSVERZEICHNIS

VORWORT

Als Bildungsunternehmer und Pionier im pädagogischen Bereich mit mehr als 40-jähriger Erfahrung bin ich davon überzeugt, dass unser Schulsystem dringender Veränderungen bedarf. Für ein Umdenken ist es hoch an der Zeit. Während die PISA-Studie die 15-jährigen Österreicher noch der Mittelmäßigkeit zuordnet, klagen viele Unternehmer über Lehrlinge, die mit Analphabeten gleichzusetzen sind. Dass im Jahr 2020 in einem Land wie Österreich nicht einmal alle Absolventen lesen und schreiben können, ist ein Armutszeugnis, das wir unseren Jugendlichen nicht länger ausstellen sollten.

Kritisches Hinterfragen kann und darf an dieser Stelle nicht ausbleiben. Wie zeitgemäß sind Organisationsformen und ihre Vertreter noch? Kaum jemand traut sich eine konstruktive Diskussion anzuregen, und das hat seine Gründe. Mein reicher Erfahrungsschatz, auf den ich aus dem öffentlichen sowie aus dem privaten Schulwesen zurückgreifen kann, umfasst all diese Themen. Genau darum weiß ich, wo wir die Hebel ansetzen müssen. Die Basis für den Erfolg ist, dass die Schüler und Studenten im Zentrum aller Überlegungen stehen müssen. Für mich sind sie die Kunden all unserer Bildungseinrichtungen (und ja, ich verwende diesen Begriff ganz bewusst). Kundenorientierung ist daher das Gebot der Stunde, und Investitionen in Bildung und Wissenschaft sind ein absolutes Muss.

Finanzielle Mittel allein reichen aber nicht. Motivation und Begeisterung sind weit unterschätzte Triebfedern, ohne die nichts läuft. Das ist mir nicht zuletzt aus persönlicher Erfahrung vertraut, denn die

Wege, auf denen ich gegangen bin, waren zwar oft steinig, aber sie haben mich immer zum Erfolg geführt.

Es ist Zeit, die ausgetretenen Pfade im Bildungsbereich zu verlassen, und aufgrund meiner zahlreichen Schulgründungen im In- und Ausland, im Primär-, Sekundär- und Tertiär-Bereich, glaube ich zu wissen, wo Veränderungen absolut notwendig sind. Die überbordenden Regulierungen und Verordnungen müssen auf das Sinnvollste reduziert werden, denn wenn das Korsett zu eng geschnürt ist, bleibt der Atem des Lebens in der Bildung auf der Strecke. Dann sterben nach und nach Talent, Kreativität und Innovation.

Die Motivation, dieses Buch zu schreiben, liegt in der dringend notwendigen Veränderung unseres Schulsystems. Vorab hier ein paar wesentliche Gründe, warum es mir ein Anliegen ist, dieses Buch zu verfassen.

Ich will …

* zu einer konstruktiven Diskussion anregen.
* aufzeigen, verändern und Erfahrungen weitergeben.
* Organisationsformen kritisch hinterfragen.
* bewusst machen, dass Pädagogik und Wirtschaft in einem starken Zusammenhang stehen.
* dass mehr Verantwortliche begreifen, wie wichtig es ist, über den Tellerrand zu blicken, um den Horizont erspähen zu können, an dem die Bedeutsamkeit der Bildung endlich allen Beteiligten dämmert.
* komplizierte Dinge einfach darstellen.
* dass überbordende Regulierungen und Verordnungen auf das We-

sentliche reduziert werden.

* dass Autonomie in der Schule selbstverständlich wird.
* dass es ein enges Miteinander von Eltern, Schülern und Lehrern gibt, weil ich das für einen wesentlichen Beitrag zum schulischen Erfolg halte.
* dass die Matura einer Reform unterzogen wird.
* dass Schule und Freizeit strikt getrennt werden.
* dass die Schule die Region mitrepräsentiert.
* den Leistungsgedanken fördern und klarmachen, dass die Noten kein Erziehungsmittel sind.
* aufzeigen, dass die herkömmliche Schulinspektion ausgedient hat.

All das konnte ich in meinen Schulen umsetzen, weil ich mir immer die Freiheit genommen habe, unabhängig zu handeln.

Nun darf ich Sie auf eine spannende Reise durch die Bildungsland-schaft mitnehmen, bei der es so viel mehr zu entdecken gibt, als uns das derzeitige System vermuten lässt. Der beste Beweis dafür ist die von mir gegründete IMC Fachhochschule Krems, die von den Studie-renden bewertet wird und Jahr für Jahr Bestnoten erhält.

Heinz in der Dorfidylle von Nappersdorf

WERDEGANG

Strenge, Disziplin, Ordnung, aber auch Liebe – diese vier Schlagwörter stehen für meine Kindheit. Meine ersten Lebensjahre verbrachte ich in der Weinviertler Dorfidylle von Nappersdorf, wo ich von 1950 bis 1954 die Volksschule besuchte. Das familiäre Umfeld bestand aus einem sehr strengen Vater, einer liebevollen Mutter, meinem jüngeren Bruder und der prägenden Großmutter, bei der ich sehr viel Zeit verbrachte, weil meine Eltern in der familieneigenen Bäckerei eingesetzt waren.

Die Großmutter war meine Lehrmeisterin. Auch das Sparen durfte ich von ihr lernen. »Beim Zündholz fängt man zum Sparen an«, pflegte sie zu sagen. Sie war nicht geizig, aber auch nicht so freigiebig wie meine Mutter, die ärmeren Kindern oft ein ganzes Salzstangerl schenkte. Meine Großmutter gab auch, aber immer nur ein halbes Gebäck.

Ebenso ausgeprägt wie ihr ökonomisches Denken war ihr Gerechtigkeitssinn. Wenn mein Vater, also ihr Schwiegersohn, wieder mal sehr streng zu mir war, nahm sie mich in Schutz. Meine Mutter fühlte zwar auch mit mir, aber sie hatte nicht die Kraft, sich gegen ihren Mann aufzulehnen. Dafür besserte sie mir geheim das knappe Taschengeld auf. Meine Großmutter brachte mir auch sehr viele Lebensweisheiten bei, und ich habe sie sehr geliebt. Vor allem ist mir jene Zeit erinnerlich, in der sie mich pflegte, als ich im Alter von 14 Jahren nach einer Hüftoperation drei Monate von der Brust bis zu den Zehen im Gips lag.

Generell fühlte ich mich auf dem Land richtig wohl. Mein ursprünglicher Plan war, dort groß und Bäcker zu werden. Die Eltern aber hatten anderes im Sinn. »Du gehst studieren, weil du sowieso nicht aufstehen kannst. Bäcker ist kein Beruf für dich«, meinten sie und schickten mich von 1954 bis 1959 zu den Schulbrüdern nach Strebersdorf ins Internat. Keine leichte Zeit für mich. Mir fehlten die Großmutter, mein immer fröhlicher Bruder Gerhard und generell die Familie. Hinzu kam eine gewisse Eifersucht auf Gerhard. Er durfte zu Hause sein, und es war klar, dass er später mal die Bäckerei übernehmen würde. Er lebte also das Leben, das ich damals gerne gelebt hätte. Dass das nicht mein Leben gewesen wäre, konnte ich zu der Zeit nicht verstehen.

> GENERELL FÜHLTE ICH MICH AUF DEM LAND RICHTIG WOHL. MEIN URSPRÜNGLICHER PLAN WAR, DORT GROSS UND BÄCKER ZU WERDEN.

Heute weiß ich, dass es gut war, so wie es von den Eltern entschieden wurde. Gerhard führte die Bäckerei bis zu seiner Pensionierung erfolgreich weiter und sagte oft: »Wenn du die Bäckerei übernommen hättest, dann hätten wir in Nappersdorf schon eine Brotfabrik«. Damit hat er bestimmt Recht. Wir haben sehr unterschiedliche Charaktere. So pflegte er zum Beispiel jahrelang unsere Mutter, was ich nie gekonnt hätte und wofür ich ihm sehr dankbar bin.

In der Zeit bei den Schulbrüdern stand aber der Neid auf ihn im Vordergrund. Ich spürte eine starke Entfremdung, und das Heimweh nahm überhand, auch wegen der extremen Strenge, die dort damals noch herrschte.

Ich war in einem Schlafsaal mit 54 Betten untergebracht. Jeden Tag nach dem Aufstehen mussten wir alle drei Matratzenteile aufstellen und das Bettzeug zum Auslüften darauflegen. Nach dem Mittagessen ging es wieder zum Bettenmachen. Die Hemden mussten ebenso wie die Taschentücher im Kasten Bug auf Bug liegen. Ob unsere Ohren sauber waren, wurde mit Taschenlampen kontrolliert. Bei der kleinsten Verfehlung gab es Strafen. Zum Beispiel das Putzen der Schuhe des Präfekten, die Größe 47 hatten. Noch schlimmer war es, wenn wir mal am Abend im Schlafsaal beim Reden erwischt wurden. Das schlug sich im Wochenbericht im Betragen mit einem Dreier nieder und bedeutete, dass wir nur alle sechs statt alle drei Wochen heimfahren durften. Für mich war das ein Desaster, weil das Heimweh ohnehin so groß war. Wenn es wieder an der Zeit war, von zu Hause nach Strebersdorf zu fahren, griff ich oft zum Fieberthermometer, in der Hoffnung, dass ich krank war und daheimbleiben konnte, so groß war die Verzweiflung.

Derartige Methoden, wie sie damals bei den Schulbrüdern üblich waren, sind in der heutigen Zeit unvorstellbar, aber mich haben sie stark geprägt. Vor allem Ordnung und Sauberkeit sind mir in Fleisch und Blut übergegangen. Der absolute Gehorsam, der uns auch beigebracht wurde, war weniger mein Ding. Schon in jungen Jahren war ich extrem freigeistig, was ich mir bis heute bewahrt habe.

Insgesamt verbrachte ich neun Jahre im Internat, wobei ich die Zeit in der Handelsakademie Krems nach den Schulbrüdern wie die große Freiheit empfand. Da war ich im Bundeskonvikt II. und fühlte mich sehr wohl. Eine gewisse Kontrolle war sicher ganz gut für mich, doch waren das im Vergleich zu der Zeit davor noch immer paradiesische Zustände. Die Freude an so vielen kaufmännischen Fächern war ebenso groß wie die neu erlangte Freiheit. Die habe ich dementsprechend genossen und stand zu Weihnachten auf keinem allzu guten

Notenpegel. Da ich ja konnte, wenn ich wollte, beschloss ich zu wollen und strengte mich ein bisschen mehr an, was prompt zum Erfolg führte. Meine Matura habe ich tadellos abgelegt. Abschließend betrachtet, waren die Jahre, in denen ich die Handelsakademie in Krems besuchte, die schönste Zeit meiner Jugend.

Damit war der Grundstein auf dem Weg zum Diplomkaufmann gelegt, denn das wollte ich werden, seit ich ein kleiner Bub war. Als beschlossen wurde, dass nicht ich die Bäckerei übernehmen werde, sondern mein Bruder, fand ich rasch einen neuen Traumberuf: Diplomkaufmann. Zumindest erzählte ich das den Städtern, die auf dem Bauernhof der Familie Hager – der Sohn war ein Freund von mir – zu Gast waren. Ich wusste damals noch gar nicht, was ein Diplomkaufmann ist. Vielleicht gefiel mir auch nur der Begriff Kaufmann so gut, und ich hatte das mit dem Diplom irgendwo aufgeschnappt. Ich weiß es nicht mehr. Jedenfalls verlagerte sich mein Berufswunsch vom Bäcker hin zum Diplomkaufmann.

ZU DER ZEIT, UM 1966, GAB ES EINEN ABSOLUTEN LEHRERMANGEL, DAHER DURFTEN AUCH STUDENTEN UNTERRICHTEN.

Das war das erklärte Ziel, und darum hatte ich inskribiert. Allerdings musste ich zunächst Geld für die Familie verdienen. Ich heiratete sehr jung, im Alter von 20 Jahren, Gertrude. Aus dieser Ehe sind vier Kinder hervorgegangen: Michaela, Ulrike, Monika und Alexandra – der Wunsch nach einem Sohn macht den Vater vieler Töchter, wie man so schön sagt. Ich wollte gut für meine Familie sorgen, also heuerte ich 1965, im Jahr der Heirat, bei der Firma Blumauer, Ausstatter für Großküchen, in Wien-Innenstadt, wo heute der Meinl am Graben ist, als Verkäufer an. Eine Aufgabe, die keine rechte Herausforderung war. Außerdem wollte ich unbedingt einen akademischen Grad erlangen, weil mir schnell klar wurde, dass man den in Österreich zu jener Zeit für eine erfolgreiche berufliche Laufbahn brauchte.

Dafür war das Studium an der Hochschule für Welthandel für mich Voraussetzung. Beschleunigt wurde dieses Vorhaben durch einen Bekannten, der dort bereits studierte und durch seine Erzählungen vom Universitätsleben meinen Wunsch verstärkte. Noch mehr als das, er stachelte mich mit seinen Berichten förmlich an. Also kündigte ich nach einem Jahr bei der Firma Blumauer und begann ernsthaft mit dem Studium der Handelswissenschaften. Das war für meine Frau zunächst ein großer Schock.

Wir standen ohne mein Einkommen da, und es war zunächst an ihr, für den Unterhalt der Familie zu sorgen. Hinzu kam, dass sie mir den Rücken völlig frei hielt, damit ich für meine Prüfungen lernen konnte. Somit hingen auch sämtliche familiären Pflichten an ihr. Die große Bürde dieser Doppelbelastung ist mir erst jetzt bewusst geworden. Ohne die Hilfe meiner Frau wäre mir diese Karriere unmöglich gewesen. Dafür werde ich ihr ewig dankbar sein. An dieser Stelle möchte ich auch noch erwähnen, dass unsere Mädchen immer wie aus dem Ei gepellt aussahen, weil sie auch noch deren Kleider genäht hatte. Meist waren sie alle gleich angezogen, was besonders hübsch aussah.

VON DEN HANDELSWISSENSCHAFTEN ZUR PÄDAGOGIK

Handelswissenschaften zu studieren, war für mich eine rationale Überlegung, weil ich zum einen gute Erfolgsaussichten hatte und es zum anderen meinen Talenten entgegenkam. Ich hatte auch einen sehr dynamischen Professor, der ein richtiger Verkäufertyp war und mich durch seine Art ansprach und faszinierte. Der sagte schon immer, dass die Leute in der Wartezeit beim Tanken beschäftigt werden sollten, indem man ihnen die Gelegenheit gibt, etwas zu kaufen. Heute sind Tankstellen-Shops eine Selbstverständlichkeit, damals war das aber nicht der Fall. Genau genommen war Professor Gottfried Theuer ein Verkäufer seiner eigenen Vorlesung. Seine Lehrveranstaltungen besuchte ich besonders gerne.

1969 war es so weit, ich finalisierte das Studium und erhielt mit dem »Diplomkaufmann« endlich meinen akademischen Grad. Noch immer erhoffte ich mir damit eine gute Anstellung in der Wirtschaft, aber das Schicksal wollte es anders, und dazu trug wohl auch meine berufliche Tätigkeit neben dem Studium bei.

Zu der Zeit, um 1966, gab es einen absoluten Lehrermangel, daher durften auch Studenten unterrichten. Für mich war das eine willkommene Gelegenheit, mein Studium und meine Familie zu finanzieren. Zunächst unterrichtete ich an der Handelsakademie in Hollabrunn Deutsch und Englisch, später auch an der Lehranstalt für wirtschaftliche Frauenberufe in Hollabrunn kaufmännische Fächer.

Da mir der Lehrerberuf den Lebensunterhalt für mich und meine Familie sicherte, studierte ich zusätzlich Wirtschaftspädagogik und schloss mit dem Magister ab.

1975 bekam ich dann einen Anruf, der für meinen weiteren Werdegang maßgeblich war. Ich war gerade in der Schule, als das Telefon läutete und die niederösterreichische Landesschulinspektorin am Apparat war. »Können Sie sich vorstellen, in Krems eine Fremdenverkehrsschule aufzubauen?«, tönte es ebenso direkt wie unerwartet aus dem Hörer. Ohne lange nachzudenken, sagte ich mit dem Brustton der Überzeugung zu. In mir sprudelte es nur so vor Ideen, und die Vorfreude auf die neue Aufgabe war unermesslich. Offenbar hatte ich bereits damals von mir reden gemacht, denn an sich wäre ein Kollege für diese Position vorgesehen gewesen. Der hatte daran aber kein Interesse und empfahl mich.

Wie alles im Leben hatte auch diese Medaille zwei Seiten. Auf der strahlenden zeigte sich, dass ich von null weg starten konnte. Es gab keine vorgegebenen Strukturen, noch nicht mal ein angemessenes Gebäude und auch kein Lehrer-Team. Das bedeutete für mich großen Spielraum für Handlung und Gestaltung. Andererseits war ich in Hollabrunn wohnhaft und sollte als ehemaliger Schüler zurück in die sehr bürgerliche Stadt Krems. Ich hatte mit meinen 31 Jahren eine enorme Begeisterung und den unbändigen Willen zum Erfolg mit im Gepäck, spürte aber auch den kräftigen Gegenwind. Mir war klar, dass sich da eine große Chance bot, die ich mir auf gar keinen Fall entgehen lassen wollte. Wie groß sie war und welche Erfolgsgeschichte sie nach sich ziehen würde, konnte ich damals noch nicht ahnen. Mir war aber bewusst, dass es eine Besonderheit ist, in diesem Alter zum Direktor ernannt zu werden.

DIE PÄDAGOGISCHE HERAUSFORDERUNG

Es war ein abenteuerlicher Start in das Unternehmen Schulgründung. Im ersten Jahr, 1975, hatte die Zuständigkeit noch der Direktor der Handelsakademie Krems über, der auch mein ehemaliger Mathematik-Professor an dieser Schule war. Weil er sich oft überfordert sah, drohte er immer wieder mit der Schließung der Schule. Zugegeben, die Umstände waren alles andere als einladend. Die Unterrichtsräumlichkeiten waren in einer Baracke untergebracht, die 39 Schüler waren an keiner anderen Schule aufgenommen worden. Mein Wirkungsraum war eine Besenkammer. So bescheiden der Rahmen, so glanzvoll waren meine Visionen. So, als wollten sie die Realität umkehren.

Heinz Boyer — meine Direktion in der Baracke
und Ansicht Neubau Lehrhotel

Weiterer Baufortschritt
des Lehrhotels

SCHULGRÜNDUNG DER HLF KREMS

Unermüdlich arbeitete ich am Konzept einer eigenständigen Fremdenverkehrsschule. Statt eines klassischen Internats plante ich eine praktische Ausbildungsstätte in Form eines Drei-Stern-Lehrhotels. Das war in den 70er-Jahren absolut visionär, und dementsprechend schwierig schien mir die Herausforderung der Durchsetzung. Die Personen aus den damaligen Netzwerken in Krems waren nicht meine Freunde. Ganz im Gegenteil: Sie waren gegen mich. Ich hatte aber ohnehin keine Zeit, mich mit denen zu beschäftigen. Vielmehr wollte und musste ich mich voll und ganz auf mein Vorhaben fokussieren: die Präsentation meines Konzeptes im Bundesministerium für Unterricht.

Ich erinnere mich genau an diesen Tag. Zwar war ich entsprechend aufgeregt, aber dennoch darauf bedacht, mit meinen 31 Jahren einen souveränen Eindruck zu machen. Man konnte sehen und spüren, wie erstaunt man in den heiligen Mauern des Büros des Sektionschefs war, als kein gealterter Schulpädagoge eintrat, sondern ich – ein unverbrauchter, dynamischer junger Mann. Mehrmals unterbrach ich meine Präsentation, da ich höflicherweise die internen Gespräche der Vorgesetzten nicht stören wollte. Als ich mit meinen Ausführungen fertig war, konnte ich in den Gesichtern zunächst nur großes Erstaunen wahrnehmen. Dann kam es zur alles entscheidenden Unterhaltung der beiden Vorgesetzten. »Glaubst du, dass wir ihn das machen lassen können?«, fragte der eine. Die überraschende Antwort des anderen: »Ja, gib ihm die Chance.« Diese fünf Worte klingen noch heute wie Musik in meinen Ohren, weil sie meinen weiteren Werdegang maßgeblich bestimmen sollten und ich die Chance ergreifen musste.

Das war der Startschuss für die Umsetzung meiner Visionen. Ab diesem Moment wurde ich in die laufende Architektenplanung mit eingebunden, konnte meine Wünsche, was die Infrastruktur der Schule und des Lehrhotels betraf, deponieren, und sie wurden weitgehend umgesetzt. Mir schwebte ein Lehrhotel vor, in dem sich die Schüler in einer Doppelrolle wiederfinden sollten: als Gäste und gleichzeitig als Angestellte, die den Betrieb führen mussten. Ich hatte das Haus und alle Abteilungen als Drei-Stern-Hotel geplant, mit 120 Gästezimmern, einem Speisesaal, einer Betriebsküche, einem Lehr-Restaurant, einer Bar, einer Wäscherei und Nebenräumen. Während dieser Planungsphase suchte ich permanent den Kontakt mit den ausführenden Firmen, der Bauaufsicht und dem Architekten, die mich anfänglich nicht wirklich ernst nahmen. Vor allem der Architekt wehrte sich gegen die von mir geplanten Änderungen. Unsere Zusammenarbeit bescherte mir anfänglich einige Kopfschmerzen, aber später hatten wir dann doch ein hervorragendes Einvernehmen. Vor allem auch deshalb, weil ich mich sehr um dieses Projekt kümmerte und mich bei allen Bausitzungen hineindrängte. Ich war sehr engagiert, und das wurde offenbar geschätzt. So konnte ich auch sicherstellen, dass fast alle meine Wünsche realisiert wurden. Die Vertreter der Handelsakademie waren nie anwesend. Ich glaube, dass sie sich aus einer gewissen Überheblichkeit heraus zurückhielten. Ihrer Ansicht nach lagen Zuständigkeit und Ausführung nur in der Verantwortlichkeit der Behörde.

AUS DER BESENKAMMER NACH STEIN

Mir wurde schnell klar, dass ich mir meine Eigenständigkeit auf vielen Ebenen erkämpfen musste. So übersiedelte ich aus meiner Besenkammer, die als erste kleine Schulkeimzelle diente, in ein leerstehendes Gebäude der Hauptschule Krems-Stein. Es war jedes Mal köstlich, wenn ich auf die Frage »Wo bist du gerade?« antworten konnte: »Ich sitze in Stein.« Dort erledigte ich meine theoretische Arbeit. Der praktische Unterricht wurde damals im Parkhotel Krems abgehalten. Ich war sehr froh, in Direktor Friedhelm Bauer einen absoluten Fachmann für die gastronomische Ausbildung gefunden zu haben. Eine Besonderheit war für mich auch, dass damals unter meiner Leitung Kollegen unterrichteten, die mich ihrerseits früher zum Schüler gehabt hatten. Mitunter ein seltsames Gefühl. Vor allem dann, wenn es darum ging, unliebsame Gewohnheiten abzustellen. Zum Beispiel das langsame Eintrudeln bei Konferenzen. Da setzte ich mich rasch durch, denn Pünktlichkeit und Zuverlässigkeit waren für mich wesentliche Kriterien der Zusammenarbeit.

Vielleicht gefiel das damals nicht allen, aber ich hatte einen ganz klaren Weg vor Augen, und davon wollte ich mich durch nichts abbringen lassen. Schon gar nicht von dem unaussprechlichen Namen der mir anvertrauten Bildungseinrichtung. So machte ich die Höhere Bundeslehranstalt für Fremdenverkehrsberufe kurzerhand zu der Marke HLF Krems. Bis heute bekennen sich alle Absolventen dazu, stolze

HLF-Logo

HLF-Schüler gewesen zu sein. Die Einführung dieser Abkürzung inszenierte ich großspurig mit den ersten Schülern bei einer Pressekonferenz unter dem Titel »HLF Krems – Eine Schule stellt sich vor«, weil Klappern schließlich zum Handwerk gehört.

Das bescherte uns einen ersten kleinen Absatz in der renommierten Fachzeitschrift »Tourist Austria«. Auch die lokalen Medien berichteten über die Schule, in der Bluejeans verpönt waren. »Mit einer amerikanischen Schlosserhose kann ich nicht österreichische Gastlichkeit verkaufen« – so lautete mein Credo, an das sich alle halten mussten, ob sie wollten oder nicht. Der Satz »Höflichkeit und Sauberkeit kosten nichts« wurde zum Leitmotiv der Schule. Da machte sich meine Prägung durch die Schulbrüder bemerkbar, was in der Gastronomie ja kein Nachteil war und ist. Hinzu kam der Wiedererkennungswert, denn der äußere Auftritt der Schüler erfolgte immer in Schuluniform oder in der Wachauer Tracht, was in der Stadt und der Region äußerst positiv aufgenommen wurde.

Höchsten Stellenwert hatte für mich aber die positive Stimmung an der Schule. Dieser Zugang war mir ebenso wichtig wie meinem ausgewählten und hochmotivierten Team. Ich wollte wirklich nur die Besten der Besten, und ich war in der glücklichen Lage, mir mein Team selbst aussuchen zu können. Später musste das natürlich von der Schulbehörde abgesegnet werden, aber da gab es keine Probleme. Mein Hauptaugenmerk lag auf der praktischen Ausbildung, die ich bei Sonderveranstaltungen forcierte. Die HLF richtete Empfänge und Buffets für öffentliche Einrichtungen aus und machte sich dabei zusätzlich einen Namen. Es waren öffentlichkeitswirksame Präsentationen, durch welche die Schule immer mehr Ansehen und Aufmerksamkeit erlangte.

Ein besonderes Highlight waren die Wein-Kulinarien, bei denen zu den ausgewählten Sechs-Gänge-Menüs qualitativ hochwertige Weine der Region in Riedel-Gläsern serviert wurden. Bald wurden diese Veranstaltungen, die meist ausgebucht waren, zum Markenzeichen der HLF. Nach und nach wurde die Schule der Inbegriff einer hervorragenden Ausbildungsstätte, die nicht nur in Krems und der Region, sondern auch darüber hinaus bekannt war.

Das erste Schulprospekt der HLF

Ich wäre ein schlechter Kaufmann gewesen, hätte ich den selbst aufgebauten guten Ruf nicht auch für Werbezwecke genützt. Es war ein Novum im Bildungsbereich, als ich sozusagen als Verkaufshilfe das erste Schulprospekt mit umfassendem Bild- und Informationsmaterial auflegte.

Hinzu kamen Presseaussendungen, deren Veröffentlichungen die Schülerzahlen noch mehr steigerten. Es bedarf wohl keiner Erwähnung, dass das meine Begeisterung und Motivation, die Bundesschule noch bekannter und außergewöhnlicher zu machen, weiter beflügelte. Mit dem großartigen Team und den Leistungen der Schüler gelang es uns allen gemeinsam, die sprichwörtliche HLF-Familie zu prägen. Mit dem guten Ruf und den steigenden Schülerzahlen konnte ich den Druck auf die Behörden erhöhen, den Neubau zu beschleunigen. Schließlich brauchten wir eine adäquate Einrichtung. Da die geplante Neueröffnung verschoben werden musste, bekam ich die Chance, die HLF vorübergehend im Piaristenkollegium unterzubringen. Dort wurden die Räumlichkeiten innerhalb kürzester Zeit adaptiert, und ich konnte als großes Highlight auch das ehemalige Refektorium der Padres als weitere Präsentationsbühne nutzen. So besonders unser Siegeszug auch war, die Schulbehörde beobachtete die Entwicklung der HLF mit Argusaugen. Meist positiv, aber mitunter wurden wir auch skeptisch betrachtet. Derartig innovative Schritte war man damals nicht gewohnt, und nicht alle waren meinen außergewöhnlichen Alleingängen wohlgesinnt. Doch gab mir der Erfolg immer Recht.

Fertigstellung Schulzentrum

EINFACH ANDERS

1982 war es endlich so weit. Der Neubau war fertig, und somit konnte die erste Schule mit Lehrhotel eröffnet werden. Damals ein historisches Großereignis und für Österreich einzigartig. Der Begriff Lehrhotel wurde sofort in den damals geltenden Lehrplänen verankert. Ich führte den schulischen Betrieb organisatorisch so weit wie möglich wie ein Unternehmen. Allerdings musste sich das auch bei den Kollegen erst einspielen. Jeden Montag hatten wir eine Besprechung im engsten Kreis. Direktor, Stellvertreter, Fachvorstand, Administrator, Küchenchef und Personalvertreter trafen sich dabei zur Feedbackanalyse und zur Wochenplanung.

Eine Checkliste mit Erledigungsvermerken war die Voraussetzung dafür, dass diese To-do-Liste ordnungsgemäß abgearbeitet werden konnte. Unser Hauptaugenmerk lag auf Veranstaltungen, Firmenbesuchen, dem wöchentlichen Speiseplan, Gastprofessuren, Exkursionen oder allfälligen Vertretungen. Erlässe und Verordnungen der Oberbehörde wurden den Kollegen lediglich zur Kenntnisnahme in einem Ordner zur Verfügung gestellt. Daraus ließ sich die Gewichtung von Erlässen und betrieblicher Organisation ableiten. Letztere war in dieser Form völlig neu für eine Bundesschule und spiegelte meine Philosophie der »Schule als Betrieb« wider.

Ein ganz wichtiger Bestandteil war dabei die interne Kommunikation. Neben den Montagsbesprechungen gab es auch Besprechungen der Fachgruppen sowie die üblichen Eröffnungs- und Abschlusskonferenzen. Neben der fachlichen Information stand die Motivation der Mitarbeiter im Mittelpunkt. Bei jeder Eröffnungskonferenz war das erklärte Ziel, dass wir als Pädagogen jedem Schüler zu einem positiven Abschluss verhelfen.

Es dauerte nicht lange, bis Schule (nämlich die HLF Krems) Schule machte. Das Modell sprach sich nicht nur an anderen österreichischen Tourismusschulen herum, sondern auch in anderen Teilen Europas. So wurde aus meiner Vision eine Vorreiterrolle im Tourismusschulwesen. Ein absolutes Novum waren dabei die Themen Öffentlichkeitsarbeit und Werbeaktivitäten. Ein Tag der offenen Tür war uns zu wenig. Wir richteten viele Veranstaltungen aus und machten so medial auf uns aufmerksam. Corporate Identity wurde und wird in der HLF gelebt. Ein eigenes Schullogo und der einheitliche Auftritt durch die Schulkleidung für die Schüler und adäquate Kleidung für die Kollegen sind damals wie heute selbstverständlich. An anderen Schulen war dies nicht üblich.

Oberste Priorität hatte bei mir der Bezug zur Praxis, und die mussten sich die Kollegen im touristischen Umfeld aneignen, so sie nicht bereits aus der Tourismuswirtschaft kamen. Unter anderem veranstalteten wir mit dem damaligen Marketingchef der Österreich-Werbung, Fritz-Karl Ferner, an der Schule eine Tourismusmesse. Um die Bindung Schule und Wirtschaft noch mehr zu stärken, hatte jede Klasse einen Wirtschaftspartner, der Fachvorträge abhielt und in dessen Betrieb Exkursionen und Veranstaltungen stattfanden. Diese Partnerschaften wurden mit Urkunden besiegelt, die schon bald eine komplette Wand zierten.

MIT DEM GRÖSSTEN LEBKUCHENHAUS SCHAFFTEN WIR ES SOGAR INS GUINNESS-BUCH DER REKORDE.

Werbung war und ist wichtig. Innen wie außen. Und genau darum präsentierte sich die HLF Krems im Fünf-Jahres-Rhythmus mit einem großen Event der Öffentlichkeit. Mit dem größten Lebkuchenhaus schafften wir es sogar ins Guinness-Buch der Rekorde.

Arbeiten am Lebkuchenhaus

Fertiggestelltes Lebkuchenhaus

25 Jahre HLF Krems — eingepacktes Lehrhotel als Kunstobjekt, dem Künstler Christo nachempfunden

Ein andermal verpackten wir das Lehrhotel, und für viel Aufsehen sorgten wir zum Jubiläum 1000 Jahre Krems mit einer Videokonferenz. Die war von einer witzigen Begebenheit geprägt, eine Anekdote, die ich Ihnen nicht vorenthalten möchte.

Es ging um unsere Feier im Rahmen des Jubiläums zum 1000-jährigen Bestehen von Krems. Da musste es etwas ganz Besonderes sein, das stand außer Frage. Zu der Zeit waren Videokonferenzen noch etwas richtig Großartiges. Schwer vorstellbar im Zoom-Zeitalter, aber eine Videokonferenz bei so einer Veranstaltung war in den 90er-Jahren ein Highlight. Da ich immer in Superlativen dachte und international

31

bereits sehr gute Beziehungen hatte, war für mich klar, dass diese Konferenz mit Schaltungen nach New York und Moskau stattfinden musste.

Zu den Russen hatte ich gute Kontakte, weil ich für den größten Reiseveranstalter der Russischen Förderation Schulungen durchführte – mit Simultanübersetzung und Fachexkursionen. Ich kannte Leute aus der ganzen Russischen Förderation, und die waren mir verbunden, weil sie die Weiterbildungen sehr schätzten.

Es war mir wichtig, meine guten Kontakte nach Ost und West zu nutzen. Das war vor dem Mauerfall ja keine Selbstverständlichkeit. Das Spektakel der Videoübertragung hätte 150.000 Schilling gekostet. Dieses Geld hatten wir natürlich nicht. Ich konnte Alcatel aber dazu überreden, den Event mit der Übertragung zu sponsern. Wegen der Zeitverschiebung zwischen New York, Moskau und Krems wurde die Veranstaltung für Nachmittag angesetzt.

Beide Kontakte saßen in ihren jeweiligen Städten in Fernsehstudios und warteten auf die Zuschaltung. Eine Stunde vor der Show hatten wir aus New York Bild und Ton, aus Moskau gab es nur Ton, aber kein Bild. Bevor sich in mir die Verzweiflung ausbreiten konnte, hatte ich eine glorreiche Idee. Ich hatte ja Gäste aus Russland vor Ort.

Also ließ ich kurzerhand in einen anderen Raum eine Couch bringen, brachte darüber ein kleines Plakat an, auf dem Moskau draufstand, weihte die Russen über die technischen Probleme ein, und schon mussten sie die Konferenzteilnehmer aus ihrer Heimat mimen.

Bei dem Festakt marschierten die Schüler mit Fahnen ein, Alcatel erklärte die komplizierten Schaltungen, und um 15 Uhr meldete sich Ann

Pat aus New York. Man gratulierte dem anwesenden Kremser Bürgermeister Erich Grabner zu 1000 Jahre Krems, und der wiederum bedankte sich auf Englisch. Dann ergriff ich das Wort und tat kund, dass ich bereits Moskau in der Leitung sehe, weil ich die ganze Show abkürzen wollte. Ich saß wie auf Nadeln und begrüßte die Gäste aus der UdSSR auf Russisch. Ich fragte »Kak dela?«, was »Wie geht es Ihnen?« heißt. In weiterer Folge wurde deutsch/russisch übersetzt.

Ich bat die eingeladenen Vertreter der Wirtschaft, etwas zu sagen, und danach verabschiedeten wir uns auch schon wieder in Richtung Moskau. An mir nagte das schlechte Gewissen, und ich wollte dem Auditorium den kleinen Schwindel gestehen. Die Leute von Alcatel rieten mir aber davon ab, weil das mit New York zumindest gut geklappt hatte. So ließen wir die Gäste in dem Glauben, dass es auch eine Direktschaltung nach Moskau gegeben hatte.

Bis zum Zusammentreffen am Buffet fiel das auch niemandem auf. Dort liefen dann aber die russischen Gäste dem Bürgermeister in die Arme, und der fragte: »Habe ich Sie nicht gerade in Moskau gesehen?« Somit flog unsere Improvisation auf, und ich konnte die Situation endlich aufklären. Damit fiel mir ein Stein vom Herzen.

Es gab aber viele andere und ruhmreichere Punkte, durch die sich die HLF bereits in ihren Anfängen von anderen Schulen abhob. Als Vertreter für weitere frühere Kollegen möchte ich an dieser Stelle Erich Diem zu Wort kommen lassen. Als Lehrer für Geografie und Geschichte, mit dem Hobby Fotografie, hat er sich auch als Archivar einen Namen gemacht. Er kam 1982 an die HLF Krems und hatte davor an der privaten HAK in Hollabrunn und im privaten Aufbaugymnasium der Erzdiözese Wien in Hollabrunn unterrichtet.

AUS DEN AUGEN EINES KOLLEGEN

Zufällig traf ich 1982 Heinz Boyer in der Trafik in Hollabrunn und fragte, ob er vielleicht einen Geografie-Lehrer brauchen könnte. Ich hatte natürlich schon von der HLF in Krems gehört, und da ich Heinz Boyer aus unserer gemeinsamen Zeit in Hollabrunn kannte, wollte ich mir diese Chance nicht entgehen lassen. Er gab mir grünes Licht, ich schrieb das Ansuchen, und zu Schulbeginn im Herbst begann ich meinen Dienst in Krems. Erst war es etwas ungewohnt, in Business-Kleidung im Klassenzimmer zu stehen, aber mit der Zeit gewöhnte ich mich daran, und es gefiel mir. Nach einer Pause oder Freistunde sagte ich: »Jetzt gehe ich wieder ins Geschäft.« Dieser Business-Look bewirkte auch im Kopf etwas. Man dachte anders. Unternehmerischer.

NACH EINER PAUSE ODER FREISTUNDE SAGTE ICH: »JETZT GEHE ICH WIEDER INS GESCHÄFT.«

Es gab mehrere Veränderungen, an die ich mich zu gewöhnen hatte. Allein die Abkürzung HLF gefiel mir gut, weil wir in Hollabrunn lange Schultitel gehabt hatten. Dass das auch etwas mit Marketing zu tun hat, wurde mir erst bewusst, als ich mich damit beschäftigte. Auch das Logo war etwas ganz Neues und für eine Schule unüblich. Das waren schon Besonderheiten, die einen stolz machten. Wenn mich jemand fragte, wo ich unterrichte, und ich sagte: »An der HLF Krems«, wurde das stets positiv aufgenommen. All das hat meine emotionale Bindung zur Schule verstärkt.

Weitere Motivationsschübe gab es bei den Konferenzen. Schon allein die Örtlichkeit war erhebend, denn sie fanden im Barocksaal der Piaristen statt. Wenn man dort auch noch mit Anzug oder zumindest Sakko und Krawatte sitzt, dann hat das etwas Staatstragendes. Es war immer ein wenig feierlich, und so führten wir auch unsere Aufgaben aus. Hinzu kam, dass wir in der Gestaltung des Unterrichts im Rahmen des Lehrplanes sehr frei waren. Wobei der Lehrstoff an einer touristischen Schule grundsätzlich schon mal anders ist.

Meine Fächer in den Tourismus einzubauen, den ich als Wirtschaftszweig wahrnahm, fand ich sehr spannend. Als Historiker und Geograf hatte ich dazu davor keinen Zugang gehabt. Plötzlich war die Geografie nicht mehr nur eine Handelsgeografie, sondern eine Geografie, die auf die Reisewirtschaft abgestimmt werden musste. Für die Erstellung von Reiseangeboten waren geografische Kenntnisse natürlich von Vorteil. Mit der Geschichte verhielt es sich ebenso. Ich sah das Fach als einen allgemeinbildenden Gegenstand, wobei man für Kulturreisen unbedingt historische Informationen braucht.

Ich unternahm mit den Schülern jährlich eine Reise, auch selbst gestaltete Sprachreisen führten wir durch, wobei die Schüler in die Organisation eingebunden waren. Sie stellten die Inhalte der Reise als Projektarbeit zusammen und konnten sich so wie Reiseleiter fühlen. Der starke Praxisbezug war bei uns vorgegeben und für eine gute Ausbildung absolut notwendig. Für uns Lehrer war es dennoch eine Herausforderung, immer am neuesten Stand der Dinge zu sein. Einschränkungen gab es keine. Das Gegenteil war der Fall. Mit einem motivierenden »Deits wos!« wurden wir von Direktor Boyer ermutigt, aktiver zu werden. Bei uns gab es keinen Stillstand. Die Modernisierungsmaßnahmen haben mir immer imponiert. Auch das digitale Zeitalter hielt bei uns sehr früh Einzug.

Von der Direktion ebenfalls gefördert wurden die Kontakte zur Tourismuswirtschaft. Wir hatten gute Verbindungen zur AUA und zu Flugreservierungssystemen. Diverse Firmen ließen uns bereitwillig an Seminaren teilnehmen und unterstützten uns, damit wir mit den Online-Systemen an der Schule arbeiten konnten. Die Kooperationen waren dem guten Ruf der Schule geschuldet. Diese Art der Zusammenarbeit war völlig neu, wurde aber von der Wirtschaft positiv wahrgenommen und gewünscht. Neue Wege zu gehen war in der HLF state of the art.

Ich konnte sogar kostenlos an einem Kurs der Wirtschaftskammer teilnehmen, um dort meine Reisebürokonzession zu machen. Für noch mehr Praxis in der Schule war das ebenso wichtig wie für mich selbst. Ich sah Weiterbildung als eine Holschuld und habe mir da eine Nische erarbeitet. Die Reisewirtschaft wurde zu meinem Steckenpferd. Da redete mir niemand drein, obwohl einige Kollegen direkt aus der Tourismusbranche kamen. Den Marketingbereich deckte zum Beispiel der damalige Werbechef der Fremdenverkehrswerbung ab. Er war auch der Erfinder des Slogans »Wanderbares Österreich«. Ein anderer hatte eine Firma für Marketing und Öffentlichkeitsarbeit im Tourismusbereich. Für fachliche Fragen hatten die Kollegen immer ein offenes Ohr. Die praktische Ausbildung stand an unserer Schule im Vordergrund. Bei der Konferenz ließ uns Direktor Boyer wissen, dass er gar nichts dagegen habe, wenn die Kollegen nebenbei ein Unternehmen führen. Wenn einer zu wenig Praxisbezug hatte, wurde ihm vom Chef empfohlen, mal rauszugehen und ein Jahr in der freien Wirtschaft zu arbeiten.

Ein großer Unterschied zu anderen Schulen war die generelle Struktur. Jeden Montag in der Früh gab es eine Besprechung des kleinen Führungskreises, zu dem in späteren Jahren auch ich zählte. Da wurden

Projekte besprochen und Protokolle durchgegangen, die Woche für Woche abgearbeitet werden mussten. Bei uns war ständig Bewegung, und dementsprechend groß war der organisatorische Aufwand. Pro Tag mussten 400 Essen bereitgestellt und die vielen Gäste versorgt werden. All das natürlich auf hohem Niveau. Zwei Menüs, Tischtücher mit HLF-Logo, Blumenschmuck und Hintergrundmusik waren eine Selbstverständlichkeit. Kantinenessen wurde andernorts gereicht. Wir pflegten die hohe Gastlichkeit, und zwar immer. Nicht nur bei Banketten. Selbst unsere Internatsbewohner konnten sich eher wie Hotelgäste fühlen. Natürlich gab es Studierzeiten und andere Regeln, aber der Schüler war auch Gast und in letzter Konsequenz Kunde. Das war ein wesentliches Merkmal und ein Aspekt, der wohl in keiner anderen Schule so gehandhabt wurde.

PROJEKT SEMMERING

Bereits während der Bauphase der Schule und des Lehrhotels in Krems wurde ich vom damaligen Landeshauptmann Siegfried Ludwig gebeten, mir Überlegungen zur Revitalisierung des Hotels Panhans am Semmering zu machen. Das fand ich spannend, also traf ich mich gleich mal mit dem damaligen Eigentümer des Hotels, Anton Kallinger-Prskawetz, und dem damaligen Bürgermeister Hermann Düringer. Um ehrlich zu sein, der erste Rundgang in dem einst so noblen Hotel Panhans war erschreckend. Mir bot sich eine baufällige Ruine. Da war nichts geblieben vom Glanz und Glamour vergangener Tage. Trotzdem oder vielleicht gerade deshalb sagte ich zu den beiden

DA WAR NICHTS GEBLIEBEN VOM GLANZ UND GLAMOUR VERGANGENER TAGE.

Herren: »Ich bin optimistisch, dass eine mögliche Revitalisierung Erfolg haben kann.« Die Antwort von Senator Kallinger kam postwendend. Er sagte: »Sie sind Optimist und ich bin Realist.«

Erschreckend war für mich auch die generell negative wirtschaftliche Stimmung im Ort und in der gesamten Region. Wenngleich das nicht sonderlich verwunderlich war, da das Hotel Panhans permanent Spekulationsobjekt war. Dennoch war der Name weit über die Landesgrenzen hinaus ein Begriff. Für mich war die Revitalisierung des Hotels eine persönliche Herausforderung. Ich konnte mir ein multifunktionelles Konzept vorstellen. Mir schwebte ein touristisches Leitprojekt vor, bei dem Ausbildung und Wirtschaft eng miteinander verknüpft sind. Das sollte als Motor für die Region dienen, welche damals im Dornröschenschlaf lag. Also schlug ich eine Dreiteilung des riesigen Panhans-Komplexes vor, und zwar in 100 private Appartements, ein 5-Stern-Hotel und – nach Kremser Vorbild – ein Lehrhotel inklusive Tourismusschule. Es hatte schon eine gewisse Faszination für mich, bei diesem Mega-Gemeinschaftsprojekt von Bund, Land, Gemeinde und privat federführend dabei zu sein.

Sehr überraschend und völlig ungewohnt war für mich, dass die bürokratischen Hürden fast ausblieben. Die Verträge wurden in der Gemeinde Semmering abgeschlossen, und ich erinnere mich an eine außergewöhnliche Episode, als mich der Bürgermeister nach Vertragsunterzeichnung zu einem Glas Sekt einlud. Es wurde angestoßen, ausgetrunken, und plötzlich flog über meinen Kopf hinweg ein leeres Sektglas an die Wand. Die geschockten Anwesenden wurden durch die sehr seriöse Stimme des damaligen Sektionschefs Adolf März beruhigt, indem er wörtlich sagte: »Bei einem so besonderen Anlass kann man wohl ein Glas an die Wand werfen.« Übrigens hatte ich zu Sektionschef März fast ein Vater-Sohn-Verhältnis. Ich wurde von ihm in all meinen Plänen und Überlegungen voll unterstützt.

Die Bauphase wurde schnell durchgezogen, und 1983 wurde das Hotel Panhans wiedereröffnet. Den richtigen Direktor zu finden, war eine große Herausforderung. Ein Jahr später, also 1984, wurden die Tourismusschule und das Lehrhotel eröffnet. Damit ist das touristische Leitprojekt Semmering als Modell einer Zusammenarbeit von Ausbildung und Wirtschaft Realität geworden, und es ist gelungen, die Region

Projekt Semmering — Hotel Panhans, Lehrhotel und Tourismusschule

wirtschaftlich wieder zu dynamisieren. Direktor Eduard Aberham war Garant für den weiteren touristischen Erfolg des Hotels, aber auch für die enge Verbindung zur Tourismusschule, wo er als Professor tätig war. Einen besonderen Freund im Rahmen dieses Projektes fand ich in der Person von Bürgermeister Düringer, der sich durch Bescheidenheit und eine hervorragend einfache Rhetorik auszeichnete. Ich war sehr glücklich, dass ich ihm zunächst eine Anstellung an der Schule anbieten konnte und dass er mit mir viele Jahre dieses Projekt als Freund begleitete.

So kam es, dass ich nicht nur Direktor an der Schule in Krems war, sondern auch die Direktion in der Tourismusschule am Semmering zwangsläufig übernommen hatte. Das Autotelefon, das zu jener Zeit aufkam, war für mich ein wichtiges Kommunikationsmittel zwischen Krems und Semmering.

Ein- bis zweimal pro Woche war ich am Semmering vor Ort und hatte dann meist als Troubleshooter zu fungieren. Es gab immer Probleme, die zu lösen waren. Ich hatte zwar nach einer geeigneten Person gesucht, die statt mir Verantwortung übernehmen könnte, wurde aber nicht fündig. Auch von Krems wollte niemand auf den Berg. Demzufolge blieb ich der Alleinverantwortliche. So kam es aber auch, dass ich mit der ITM GesmbH Semmering meine erste Gesellschaft gründete. Die Quintessenz: über das Lehrhotel von der Theorie in die Praxis – ein Meilenstein in meiner Karriere. Das Institut für Tourismus und Management sollte Paradebeispiel einer Ausbildungsstätte werden, die ich privatwirtschaftlich international vermarkten wollte. So etwas gab es weltweit noch nicht, das war einmalig. Und noch heute präsentiere ich dieses Konzept in verschiedensten Ländern, auch in Afrika und Asien.

Schon damals war es mein Ziel, Studenten aus aller Welt zu akquirieren, die für das Studium bezahlen sollten. Die Schweizer und ihr guter Ruf für renommierte Schulen waren mein Vorbild und ein großer Ansporn. Ich dachte, es müsse doch auch in Österreich möglich sein, private Studienplätze zu verkaufen. Die Genehmigung, eine private internationale Schule führen zu dürfen, hatte ich. Es handelte sich um eine Art Benützungsbewilligung. Das war der Beginn meiner Karriere als internationaler Bildungsunternehmer.

Dafür bekam ich auch früh Anerkennung. Wirklich gefreut hat mich, dass ich als besondere Auszeichnung den Ehrenring der Gemeinde Semmering erhielt. Das Projekt entpuppte sich als großartiges Aushängeschild der Region, deshalb lud der damalige Landeshauptmann Siegfried Ludwig die niederösterreichischen Landesräte und Abgeordneten voller Stolz zu einer Besichtigung auf den Semmering ein. Aus diesem Besuch ergab sich dann noch ein drittes spannendes Projekt.

PROJEKT ALTHOF

Nachdem die honorigen niederösterreichischen Politiker das Pilotprojekt zur Revitalisierung einer so maroden Region wie des Semmerings besichtigt hatten, dauerte es nicht lange und ich erhielt ein Schreiben vom damaligen Landeshauptmannstellvertreter Erwin Pröll. Sein Anliegen: Ich sollte mir den Althof in Retz anschauen, um zu beurteilen, ob man auch daraus einen touristischen Mehrwert ziehen könnte. Vielmehr war es aber ein Aviso als eine Anfrage, denn kaum war der Brief bei mir eingelangt, kam der damalige Bürgermeister von Retz, Adolf Lehr, zu mir nach Krems und erklärte mir feierlich: »Wir wollen auch so eine Schule wie in Krems.« So schmeichelhaft sein Anliegen auch war, mir war sofort klar, dass das nicht so einfach sein würde, was ich ihm auch genau so erklärte. Dennoch schaute ich mir den Althof mal an.

Mich erwartete ein alter Gutshof mitten in Retz, das vor dem Mauerfall ja an einer toten Grenze lag. Verzweifelt hatte man dort bereits sämtliche Versuche unternommen, die Wirtschaft anzukurbeln und die Region zu beleben, aber alle Bemühungen schlugen fehl.

FÜR MICH IST RETZ DER WEINGARTEN DES WEINVIERTELS.

Auch deshalb hatte es für mich einen großen Reiz, an der toten Grenze ein touristisches Leitprojekt aufzubauen. Ich sah es als persönliche Herausforderung, weil ich selbst Weinviertler bin und die Region sehr attraktiv ist. Vor allem Retz mit dem schönen Hauptplatz, der Windmühle, den vielen Kellern und Weingärten. Für mich ist Retz der Weingarten des Weinviertels. Also versprach ich dem Bürgermeister, zunächst mal ein Konzept zur Revitalisierung des Althofs zu erstellen. Ähnlich wie am Semmering sollte auch dort ein touristisches Leitprojekt für die wirtschaftliche Revitalisierung entstehen.

Beim Gemeinderat löste die Präsentation meines Konzeptes trotz der grundsätzlich pessimistischen Stimmung in der Stadt große Freude aus. Alle Parteien wollten an einen wirtschaftlichen Aufschwung glauben und stimmten für das Projekt. Der Gemeinderat wusste jedoch auch, dass das Land dahinterstehen musste, sonst hätten wir keine Chance gehabt. Da Erwin Pröll den Althof aber ohnehin als sein Projekt und als Grenzlandförderung betrachtete, war uns diese Hilfe sicher. Das Problem war der Schulentwicklungsplan, da für Retz längerfristig keine neue Schule vorgesehen war.

Ich schlug vor, einerseits eine dreijährige Gastgewerbefachschule zu gründen und dafür den Althof als Vier-Stern-Hotel und gleichzeitig als Drei-Stern-Lehrhotel zu nutzen. Also eine Kombination aus einem echten Hotel und einem Übungsbetrieb. Gleichzeitig wollte ich im Zuge dessen die Produkte der Region, also in erster Linie die Weine, präsentieren und vermarkten. Meine Idee war, den Althofkeller mit dem Kellerlabyrinth Retz zu verbinden. Das bedeutete, dass die 50.000 Besucher, die es jährlich in den Keller zog, künftig im Althofkeller rauskämen, wo eine Weinpräsentation mitsamt Verkaufsbühne mit den Weinen der Region auf sie warten sollte. Hinzu kam, dass ich einen Veranstaltungssaal für die Stadt in das Projekt aufgenommen hatte. Das von mir erstellte Raumprogramm bildete die Grundlage für die Architektenplanung.

Bevor die Show so richtig losgehen konnte, mussten die rechtlichen Strukturen geschaffen werden. Rasch wurde die Hotelerrichtungs- und Betriebs GesmbH mit den Gesellschaftern Stadt Retz und Heinz Boyer gegründet. Auch die Geschäftsführerrolle wurde mir übertragen. Dass die Wahl auf den Architekten Ernst Maurer fiel, stellte sich als wahrer Glücksfall heraus, zumal ich mit ihm sehr gut zusammenarbeiten konnte und sich daraus eine enge Freundschaft entwickelte. Wir haben dann später auch einige gemeinsame Projekte im Ausland abgewickelt und arbeiten noch immer an gemeinsamen Vorhaben.

Als so weit alles in trockenen Tüchern war, sagte Bürgermeister Lehr zu mir: »Faung ma au«, und ich antwortete: »Bürgermeister, wer zahlt's?« Denn der Bürgermeister war der Ansicht, dass das Land zu zahlen hätte, und das Land wollte, dass die Gemeinde zahlt. Die Kostenschätzung lag bei 186 Millionen Schilling. Somit war die Finanzierung ein großes Thema. Zudem gab es gut gemeinte Ratschläge an mich, dieses Projekt über Kredite von der Raika zu finanzieren. Für mich war aber klar, dass eine Finanzierung in dieser Form nicht infrage kam. Da Retz zu dieser Zeit noch an den Eisernen Vorhang grenzte, wäre eine Rentabilität damit unmöglich gewesen.

Somit musste ich versuchen, sämtliche zur Verfügung stehenden Förderungen in das Projekt einzubringen. Das war keine leichte Übung, aber sie gelang. Die Stadt musste lediglich 10 Millionen Schilling aufnehmen, den Rest der Investition konnte ich tatsächlich über Förderungen von Bund und Land zusammenstoppeln. Noch zwei Jahre nach der Eröffnung hörte ich von Landesseite immer wieder: »Schickts mir ja nicht den Boyer, weil uns der abräumt wie einen Christbaum.« In der Zeit war es mir fast unmöglich, Termine im Land zu bekommen.

Neben der Finanzierung musste ich mich auch um die Genehmigung für die Errichtung der Schule kümmern. Der Durchbruch war dem damaligen Landesschulratsdirektor Walter Klerr zu verdanken, einem Hollabrunner, der das Projekt richtig durchpeitschte. Untergebracht war die Schule in der ehemaligen Hauptschule in Retz, aber die Praxis sollte im Althof stattfinden, der erst später, nämlich 1993, fertiggestellt und eröffnet wurde. Die Gastgewerbeschule ging 1988 mit 26 Schülern in Betrieb. Auch dort übernahm ich die Direktion, womit ich mit Krems und dem Semmering drei Schulen führte. Als pädagogischen Leiter hatte ich Erich Diem an meiner Seite. Nach der Grenzöffnung im Schuljahr 1990/91 wurde der Betrieb in eine interkulturelle Hotelfachschule umgewandelt. Das war notwendig, weil wir sonst zu wenig Schüler gehabt hätten. Der Landesschulrat war gegen ein Projekt mit den Tschechen, aber das Ministerium begrüßte unsere Absicht. Also konnten wir erstmals Schüler herüberholen und hatten somit die erste interkulturelle Hotelfachschule, an der auch in Tschechisch unterrichtet wurde. 1992 übersiedelten wir in die Weinbauschule Retz, die zum Leidwesen der Region gleichzeitig mit dem 100-jährigen Jubiläum der Schule geschlossen wurde. Damit wurde eine Chance vertan, Retz als Stadt mit hoher Weinkompetenz zu vermarkten.

Der Umbau des Althofs entpuppte sich als eine große Herausforderung, weil das Gebäude denkmalgeschützt war. Ich hatte einen Baubeirat von über 20 Personen von Bund, Land und der Schulbehörde – alles meine Vorgesetzten. Ich hatte zwar von der Politik Zusagen, aber Versprechen und Verträge sind zwei Paar Schuhe. Zu den Besprechungen nahm ich oft eine Glocke mit, weil es ansonsten schwierig war, sich Gehör zu verschaffen, so erhitzt waren mitunter die Gemüter. Heute kann ich sagen, dass sich all der Einsatz und die viele Arbeit für dieses Pilotprojekt gelohnt haben, weil es im Tourismus der ganzen Region einen wirtschaftlichen Aufschwung gebracht und den Schülern zu Anstellungen in der näheren und weiteren Umgebung verholfen hat. Sie waren es auch, die sozusagen aus der ersten Reihe fußfrei miterleben konnten, wie aus einem visionären Projekt ein erfolgreiches Unternehmen wurde. Bei der Grundsteinlegung sagte ich, dass ich an die Öffnung der Grenze glaube – was ich mit Erzählungen veranschaulichte. Ich lud die Anwesenden ein, mit mir einen geistigen Blick auf den Hauptplatz zu werfen, an dem Gäste aus Tschechien mit Bussen ankommen und das Zentrum beleben, indem sie dort einkaufen, einen Kaffee oder ein Gläschen Wein trinken. So würde eine neue wirtschaftliche Entwicklung den Anfang nehmen. Wissen konnte ich das damals freilich nicht, aber ich wollte anhand

Projekt Althof, Retz

dieses Beispiels erklären, dass ein Miteinander von Ausbildung und
Wirtschaft zum Erfolg einer ganzen Region führt, so tot kann sie gar
nicht sein. Die beiden Projekte vom Semmering und von Retz präsentiere ich heute noch international, weil es erfolgreiche Modelle sind,
Regionen wirtschaftlich zu entwickeln. Es war wichtig, dass ich als
Schuldirektor nicht nur ein pädagogisches Auge hatte, sondern auch
die anderen Aspekte sehen konnte. Ich habe immer schon dafür plä-
diert, Schuldirektoren auch aus anderen Berufsfeldern zu bestellen,
was ein großer Vorteil für die Bildungseinrichtung sein kann.

Unter dem wirtschaftlichen Aspekt gründeten wir auch die Gesellschaft »Retzer Land« als Vermarktungsplattform für regionale Produkte. Der Althof selbst entpuppte sich immer mehr als multifunktionelles touristisches Leitprojekt. Er diente nicht nur als praktische Ausbildungsstätte für die neu gegründete Schule, sondern auch als Vinothek zur Vermarktung der Retzer Weine und beherbergte einen Heurigen. Da es in Retz unterschiedlichste Weinqualitäten gab, beriefen wir eine unabhängige Kommission ein, die testete, welche Weine im Althof vermarktet werden sollten. Für mich war klar, dass keiner der dort angebotenen Weine weniger als 17 Schilling kosten durfte, zumal zu jener Zeit der Wein oftmals verschleudert wurde. Wein wurde in der Konditorei gekauft, Weinkultur war nicht so großgeschrieben, und das musste ich ändern.

Meine Idee war, den Althof-Heurigen an die einheimischen Bauern zu vermieten. Ich stellte mir vor, dass alle drei Wochen ein anderer Heurigenbetrieb die Bühne nützen könnte, aber keiner traute sich, obwohl ich keine Miete verlangt hätte. Übernommen wurde der Heurige dann von einem, der nicht aus Retz kam.

Um die Barriere zu nehmen, ließ ich zur Eröffnung über die NÖN kolportieren, dass jeder Retzer einen Gutschein bekommt. Dennoch war der Start etwas holprig, weil es den Bewohnern zu Beginn wohl zu exklusiv war. Einer fragte den anderen, ob er dort hingehen würde. Letztendlich siegte aber die Neugierde. Die lokale Bevölkerung kam zunächst in Gruppen und konnte sich in weiterer Folge dann doch mit der neu gestalteten Location identifizieren.

Das Geschäft aufzubauen war dennoch extrem schwierig. Bis zwei Jahre nach der Eröffnung hatte ich die Geschäftsführung gemeinsam mit Gottfried Steurer inne. Gleichzeitig war er auch Koch und Lehrer an der Schule. Außerdem war er für mich in der ersten Phase des Betriebes eine wichtige Stütze und ein wertvoller Freund.

Später fanden wir in Alexander Ipp für den Althof einen Pächter, der das Hotel sogar noch um einen Wellnessbetrieb erweiterte. Mein Konzept ist Stück für Stück voll und ganz aufgegangen und darf als das touristische Highlight von Retz betrachtet werden. Es war eines der schönsten, aber auch eines der schwierigsten Projekte meiner Laufbahn. Da ist viel Herzblut reingeflossen, aber jeder einzelne Tropfen hat sich gelohnt.

CONCLUSIO AUS MEINEN ERFAHRUNGEN

Auf den vergangenen Seiten konnten Sie einen Eindruck davon gewinnen, was im Zuge von Schulgründungen in Rufweite des Gesetzes alles möglich ist. Da ich als Gründer fungierte, hatten vorgegebene Strukturen für mich keine Relevanz. Ich dachte gar nicht daran, die ausgetretenen Pfade traditionell geführter Bildungseinrichtungen zu gehen. Jede Auseinandersetzung damit war mir fremd. Für mich standen ausschließlich neue Überlegungen im Mittelpunkt.

ICH WOLLTE SCHULE NICHT NUR NEU DENKEN, SONDERN DIESE IDEEN AUCH UMSETZEN.

Ich wollte Schule nicht nur neu denken, sondern diese Ideen auch umsetzen. Dass mir das gelungen ist, ist auch meiner Furchtlosigkeit geschuldet. Ungeachtet der Zurufe von Besserwissern und Anhängern eines damals schon untauglichen Systems wollte ich immer nur eines: anders sein als alle anderen.

Dieses Streben bezog sich in erster Linie auf die zeitgemäße Ausbildung der mir anvertrauten Schüler. Mein Verantwortungsgefühl für sie war von Anfang an sehr hoch. Um dieser Verantwortung Rechnung tragen zu können, brauchte es ein motiviertes Lehrerteam, das alle fachlichen und pädagogischen Herausforderungen meistern konnte. Der dritte Eckpfeiler war ein neuer Weg im Bereich innerbetrieblicher Strukturen. Dieses Gesamtpaket galt es, öffentlich zu präsentieren und verständlich darzustellen, zumal es zur damaligen Zeit ein absolutes Novum war.

Die Zusammengehörigkeit, das Team, war dafür ausschlaggebend. Es war immer vom Wir die Rede. Was zählte, war die HLF als Gemeinschaft, das Ich hatte keine Bedeutung. Vor allem mit den Schulgründungen am Semmering und in Retz konnte ich aufzeigen, dass Schule so viel mehr kann, als nur bloße Ausbildungsstätte zu sein. Wir haben demonstriert, wie ein moderner Bildungsbetrieb auch Motor für die wirtschaftliche Entwicklung einer Stadt oder einer ganzen Region sein kann.

Dieses Miteinander von Schule und Wirtschaft beflügelte meine Lehrerkollegen und schuf unmittelbare Arbeitsmöglichkeiten für unsere Absolventen. Wie nachhaltig diese Konzepte sind, beweist die Tatsache, dass die am Semmering geplante Ausbildungsstätte für lediglich 240 Schüler konzipiert war, derzeit aber von über 500 Schülern besucht wird. Und nach wie vor dürfen die Absolventen stolz darauf sein, wenn sie eine der drei Tourismusschulen in Krems, am Semmering oder in Retz erfolgreich abgeschlossen haben. Die Namen bürgen damals wie heute für Qualität. Aufgrund meiner langjährigen Erfahrung möchte ich folgende Erfordernisse sowie Diskussionspunkte festhalten, um eine Änderung im derzeit verkrusteten und wenig erfolgreichen Schulsystem zu bewirken. Dabei haben sich vier große Bereiche herauskristallisiert:

* der pädagogische Bereich
* Organisation und Struktur
* Infrastruktur und Ausstattung
* Präsenz nach außen

HERAUSFORDERUNGEN IM PÄDAGOGISCHEN BEREICH

* Im Mittelpunkt aller Überlegungen stehen bei mir die Schüler. Es muss uns Pädagogen bewusst sein, welche Verantwortung wir für sie und eine zeitgemäße Ausbildung übernommen haben. Oberste Priorität haben die Vermittlung von aktuellem Fachwissen sowie die individuelle Mithilfe zur Persönlichkeitsentwicklung. Ein Faktum, das meines Erachtens oft unterschätzt oder gar übersehen wird.
* Direktion und Lehrerkollegium sollten nach diesen Grundsätzen handeln.
* Aufgaben und Verantwortung der Eltern können jedoch nicht auf die Schule abgewälzt werden.
* Die Ausbildung der uns anvertrauten Schüler ist einem dynamischen Prozess unterworfen, dem wir mit der laufenden Aktualisierung des Lehrstoffs Rechnung tragen sollten. Das bedeutet auch eine Flexibilisierung im Bereich der Lehrfächerverteilung sowie eine autonome Prioritätensetzung. Allein die Aussage »Der Lehrplan ist Gesetz« verschreckt Lehrerkollegen. Sie hemmt eine sinnvolle Gestaltung und jegliche Art von Freiräumen.
* Die Herausforderung ist, die Schüler zu einem spielerischen und begeisterten Lernen zu bringen, das ganz ohne Überforderung aus-

kommt. Das freie und unabhängige Gedankengut der Schüler muss aufgegriffen und gefördert werden. Daraus haben schon viele interessante Schulprojekte resultiert.

* Fachkräfte und Persönlichkeiten, die man sich von außen holt, beleben das schulische Umfeld und bringen es auf den neuesten Stand. Oft sind die Einbringungen Außenstehender und ihr Erfahrungsschatz eine außerordentliche Orientierungshilfe für die Berufsüberlegungen der Jugendlichen.

* Permanente Weiterbildung der Pädagogen außerhalb der Unterrichtszeit sollte zur Selbstverständlichkeit werden, damit sie fachlich, aber auch gesellschaftspolitisch immer up to date sind. Die fortwährende Weiterbildung wäre auch eine optimale Ergänzung zu einer generell verkürzten Pädagogenausbildung. Meiner Überzeugung nach ist die Ausbildungszeit von vier Jahren für Volksschullehrer viel zu lang. In diesem Zeitraum ändert sich das gesellschaftliche Leben rapide. Somit hinkt die Ausbildung ebenso hinterher wie die Professoren, die sie vermitteln. Da spielt sich sehr viel in der Vergangenheit ab, und das ist nicht zielführend. Zwei Jahre Basisausbildung mit Praxis und danach permanente Weiterbildung wären viel sinnvoller, weil die Lehrer damit zeitgemäß und realitätsnah unterrichten könnten.

REIZTHEMA SCHULUNTERRICHTSGESETZ

Ein ganz besonderes Reizthema war und ist für mich das Schulunterrichtsgesetz. Dabei handelt es sich um ein juristisches Mammutwerk, das der Pädagogik keineswegs hilft. Dieser Auszug aus den Änderungen des Schulunterrichtsgesetzes ist wohl selbsterklärend und spricht Bände.

DIESES KONVOLUT NIMMT DER PÄDAGOGIK AN SICH DIE FREIHEIT, WEIL MAN PÄDAGOGIK NICHT VERORDNEN KANN. SIE MUSS GELEBT UND DEMENTSPRECHEND LEBENDIG GESTALTET WERDEN.

Screenshot von Änderungen des Schulunterrichtsgesetzes

Rund 900 Seiten Vorschriftenwust verschrecken nicht nur junge und engagierte Kollegen. Dieses Konvolut nimmt der Pädagogik an sich die Freiheit, weil man Pädagogik nicht verordnen kann. Sie muss gelebt und dementsprechend lebendig gestaltet werden. Man kann sie nicht aus Büchern lernen. Ich habe in meiner langjährigen beruflichen Laufbahn dieses Mammutwerk lediglich fünfmal aufgeschlagen, und wie man sieht, war die Entscheidung, es weitgehend unbeachtet zu lassen, kein Nachteil.

Der entscheidende Punkt ist, dass pädagogische Freiräume die Lehrer motivieren. Sie stärken das Verantwortungsbewusstsein, fördern die Kreativität und die Lehrerpersönlichkeit selbst. Unangebrachte Kontrolle verunsichert und schränkt ein. Sie ist der Tod für den Ideenreichtum, und die Motivation geht verloren.

In diesem Zusammenhang plädiere ich ganz entschieden dafür, diesen Dschungel von Verordnungen und Erlässen zurückzuschrauben. Oft wurden diese gleichzeitig und mit gleichem Inhalt, allerdings mit unterschiedlichem Datum an die Schulen geschickt. Offenbar nach dem Motto »Doppelt hält besser«.

Allerdings hatten sie bei mir damit ohnehin keine Chance. Für diese Art von Post hatte ich immer einen eigenen »Aufbewahrungsordner«. Wenn Sie wissen, was ich meine. Es schien mir, als sei es für die Beamten der Schulbehörde stets eine besondere Leistung, so einen Erlass herauszugeben. Dabei ging es augenscheinlich nicht so sehr um den Inhalt als um das Herausbringen eines weiteren Erlasses.

Aufgrund des eingetrichterten Obrigkeitsdenkens mit vorauseilendem Gehorsam, gepaart mit Unsicherheit, stellten Kollegen dann bei den kleinsten Kleinigkeiten in Bezug auf Lehrinhalte gleich die Fragen »Wo steht denn das?« oder »In welchem Erlass ist das geregelt?«.

Wenn mir solche Fragen zu Ohren kamen, pflegte ich zu antworten: »Fragen Sie nicht, tun Sie einfach.« Diese Ansagen schafften stets erstaunlich viel Klarheit. Damit lag die Verantwortung nämlich bei den Lehrern, die sich zu ihren Entscheidungen Gedanken machen mussten, und genau das wollte ich. Es ist ja einfach, die Verantwortung nach oben zu delegieren, weil man selbst zu feige oder zu ängstlich ist, Entscheidungen zu treffen. Ich muss an dieser Stelle aber einräumen, dass durch die verstärkt zentral verwaltete Schulbehörde die Freiräume oft eingeschränkt sind. Das Ergebnis sind gleichgeschaltete »brave Schuldiener«.

MATURA — WEG VOM DOGMA

ICH PLÄDIERE DAFÜR, DASS MAN VON DER MATURA ALS DOGMA WEGGEHT UND SIE NICHT MEHR ALS ANGSTMACHER MISSBRAUCHT.

Ebenfalls kritisch hinterfragen möchte ich die Matura, die heilige Kuh des Bildungssystems, die meiner Meinung nach in ihrer jetzigen Form ausgedient hat. Vor allem dann, wenn sie als Druckmittel herbeigeredet wird. Ich plädiere dafür, dass man von der Matura als Dogma weggeht und sie nicht mehr als Angstmacher missbraucht. Die Matura ist eine Abschlussprüfung, nicht mehr und nicht weniger. Allerdings hört man bereits in den ersten Klassen sehr oft: »Du wirst sehen, wie es dann bei der Matura ist.« Das sind Warnungen, die niemand braucht, am allerwenigsten die Schüler.

»VORWISSENSCHAFTLICHE ARBEITEN«

Als ebenso wenig sinnvoll erachte ich die eingeführten »Vorwissenschaftlichen Arbeiten« als Vorstufe zur Matura. Aus meinem Bekanntenkreis vernehme ich dazu, dass mit diesen Arbeiten in erster Linie Eltern und Bekannte beschäftigt werden. Oft zum Leidwesen der dafür Eingespannten. Eine schlechte Beurteilung könnte dann beim Schüler auch noch für Schadenfreude sorgen und dem eigentlichen Verfasser ein Gefühl der Peinlichkeit bescheren.

Für mich ist es völlig absurd, in diesem Zusammenhang von Wissenschaft zu sprechen. Ich zitiere aus dem Duden: »Wissenschaft – (ein begründetes, geordnetes, für gesichert erachtetes) Wissen hervorbringende forschende Tätigkeit in einem bestimmten Bereich«. Wie wäre es, wenn man etwas bescheidener, näher an der Realität und dem Alter angepasst die Aufgaben einfach Projektarbeit nennte?

KLANGBILD MITTELSCHULE

Erwartungsgemäß war die Umbenennung des nicht so attraktiv klingenden Wortes »Hauptschule« in Neue Mittelschule nicht von Erfolg gekrönt. Aus dem einfachen Grund, weil es nicht viel mehr als das war. Die alten und die neu aufgenommenen unterstützenden Lehrkräfte sind einander im Unterricht gegenseitig im Weg gestanden. Es hätte ein Erfolgsprojekt werden können, aber dafür wäre es notwendig gewesen, in die Schulung der Lehrkräfte zu investieren, die dieses Modell anwenden sollten. Zusätzlich hätte man die Ergebnisse fortwährend evaluieren müssen. Aber wenig dergleichen geschah. Demzufolge blieb der gewünschte Erfolg aus, sonst hätte man nicht ehestmöglich reformiert und die Bezeichnung »Neue Mittelschule« zur jetzigen »Mittelschule« umgewandelt. Aus meiner Sicht war das einmal mehr ein Paradebeispiel für ein politisches Planspiel, das enorm viel Geld verschlungen hat, welches man sinnvoller investieren hätte können.

HERAUSFORDERUNGEN IN DER ORGANISATION UND STRUKTUR

Im Bereich der Schule gibt es das Dreier-Verhältnis Schüler – Lehrer – Eltern. Dabei ist der Schüler das schwächste Glied und muss deshalb entsprechend gestützt werden. Als Direktor sah ich mich bei Disputen in diesem Dreier-Verhältnis zwar immer in der Rolle des Oberschiedsrichters, aber wohl wissend, auch Sprachrohr des Schülers zu sein. In diesem Zusammenhang kommt der Verantwortung des Direktors große Bedeutung zu.

DER DIREKTOR-POKER

Apropos … Wie sieht es eigentlich mit der Bestellung von Direktoren aus? Ich weiß, wie diese für gewöhnlich abläuft, möchte mich hierzu aber nicht in Details verlieren. Jedenfalls wundere ich mich, dass mein Nachfolger als Direktor der HLF Krems so ausgewählt wurde, dass wesentliche Stimmen später meinten: »Die Bestellung erfolgte nicht im Sinne der Schule, sondern um dem Vorgänger eins auszuwischen.«

Dazu muss man wissen, dass ich mich zu diesem Zeitpunkt mit den Überlegungen und Ansichten der Gewerkschaft so gar nicht identifizieren konnte und sie deshalb auch verlassen habe. Die Schulbehörden wären besser beraten, den Einfluss der Gewerkschaft bei Direktorenbestellungen zurückzudrängen.

Mein Zugang zur Bestellung eines Direktors ist ein anderer. Es wäre schön, wenn meine Anregungen zu diesem Thema hilfreich wären. Die Bestellung der Direktoren muss nach einem klaren Anforderungsprofil und in einem freien Aufnahmeprozess erfolgen. Unabhängige Assessment-Center, frei von jeglicher politischen und gewerkschaftlichen Einflussnahme, sollten eine erste Auswahl vornehmen. Pädagogik, Berufserfahrung und vor allem auch Managementfähigkeiten stellen die wesentlichen Eckpfeiler dar und sind besonders zu beachten. Sie entscheiden nämlich darüber, ob die Schule von einem fähigen und dienlichen Menschen geführt wird, und nicht, welche politische Einstellung er hat.

Im nächsten Schritt sollten sich drei auf diese Weise ausgewählte Persönlichkeiten in einem Hearing dem Schulgemeinschaftsausschuss stellen, und dieser sollte eine Reihung vornehmen. Die Ergebnisse werden dann der Schulbehörde vorgelegt, und diese trifft schließlich eine abschließende Entscheidung, die sie auch begründen muss.

Ich plädiere dafür, dass sich um die Position eines Direktors nicht nur Pädagogen bewerben können, sondern auch außenstehende Persönlichkeiten aus Wirtschaft und Gesellschaft. Dieser innovative Zugang zur Direktorenbestellung würde eine völlig andere Denk- und Sichtweise ermöglichen und könnte dringend notwendige Erneuerungsprozesse im Schulsystem nach sich ziehen. Die Pädagogik käme dabei keineswegs zu kurz, denn diese Aufgaben würden in den meisten Schulen von den Administratoren wahrgenommen.

Ich lasse Sie, geschätzte Leser, nun mit Ihren Gedanken und Überlegungen dazu alleine. Denken Sie darüber nach, welche Auswirkungen das haben könnte und welche Möglichkeiten sich dadurch eröffnen könnten. Welch epochale Schritte zum Wohle von Schülern und auch Lehrern könnte man machen, wenn man in der Direktorenbesetzung alle Ego-, Partei- und Gewerkschaftsschienen verlassen würde! Wie wäre es, wenn wir das Adjektiv »verstaubt« durch »lebendig« ersetzen?!

ERFOLGSMODELL SCHULE

Hier möchte ich nun weitere Forderungen und Diskussionspunkte aufzählen:

* Zu kritischen und gesellschaftlichen Themen wie Rauschgift, Alkohol, Sexualität, Diebstahl und Fehlverhalten sollte es klare Verhaltensregeln geben, und diese sollten vorweg kommuniziert werden.

* Die Vorbildfunktion der Pädagogen in der Gesellschaft ist zu verstärken. Das erfordert auch ein gutes Erscheinungsbild und Auftreten.

* Das Image und das Ansehen der Pädagogen in der Öffentlichkeit müssen verbessert werden.

* Eine respektvolle Sprache hat selbstverständlich zu sein. Zum Beispiel sollte die Bezeichnung Mitarbeiter statt Personal verwendet werden.

* Eine familiäre Atmosphäre in der Schule schafft Wohlbefinden.

* Das gesamte Team einer Schule soll sich Perspektiven schaffen und überlegen: »Wofür wollen wir stehen?« Zum Beispiel: »Wir sind Europa-Schule!« – was auch immer. Es ist wichtig zu wissen, wofür man steht, das schafft Identifikation – auch bei Schülern.

* Jährliche Zielvorgaben ergeben Sinn. »Was nehmen wir uns vor?«, »Was wollen wir in diesem Jahr erreichen?«. Eine Überprüfung der gesetzten Ziele versteht sich von selbst.

* Besondere und außergewöhnliche Leistungen erfordern auch Anerkennung und damit ein direktes Belohnungssystem.

* Die Einrichtung eines pädagogischen Ombudsmannes oder einer Ombudsfrau in der Schule wäre sinnvoll. Jemanden für persönliche Anliegen zu haben ist wichtig.

* Gewerkschaften und Interessensvertreter ja, aber von dieser Seite sollte es keine Einmischung in operative Bereiche der Schule geben. Vor allem gewerkschaftliche Maßnahmen auf dem Rücken der Schüler sind absolut unverständlich und unverantwortlich.

* Eine Schule braucht Autorität und Führung im positiven Sinne.

* Weg von der schulischen »Inzucht« und von der Laufbahn: Ich bin Schüler, maturiere, studiere, schließe ab und trete beruflich als Lehrer wieder in die Schule ein, ohne die so wichtigen und notwendigen Lebens- und Berufserfahrungen außerhalb dieses Komplexes.

* Die Schule braucht klare innere Strukturen, vom Klassenlehrer zum Klassenvorstand, vom Fachkollegen hin zum Administrator und schließlich zum Direktor. Dieser Stufenaufbau bewährt sich vor allem bei Schwierigkeiten und Anliegen.
* Wichtig ist eine klare Kommunikationsstruktur, vor allem aber eine offene Gesprächskultur, und zwar miteinander und nicht übereinander.
* Die Schülervertretung ist stark zu fördern und ernst zu nehmen. Im gleichen Maße muss man ihr aber eine Mitverantwortung bewusst machen.

HERAUSFORDERUNGEN BEI INFRASTRUKTUR UND AUSSTATTUNG

In all meinen Schulen konnte ich feststellen, dass eine hochwertige Qualität der Ausstattung die Lebensdauer der Einrichtung verlängert. Eine billige Ausstattung mit kahlen Betonwänden und lieblosen Schulmöbeln, wie sie in den meisten Klassen im Rest von Österreich zu finden sind, schafft keine Atmosphäre, in der man sich auch nur im Ansatz wohl fühlen kann.

LERNEN IN EINER WOHLFÜHLOASE

Wenn man bedenkt, wie lange sich die Schüler in diesen Gebäuden aufhalten, wären gemütlich gestaltete Freizeitinseln und ähnliche Einrichtungen sinnvoll. Es gilt, einen Ort zu schaffen, an dem Menschen gerne Zeit verbringen.

Entscheidend ist auch, dass sich die Philosophie an der Schule verbreitet, die da lautet: »Sauberkeit und Ordnung kosten nichts«. Ich möchte diesen Satz noch verstärken und meine, dass Höflichkeit sowie persönlicher und wertschätzender Umgang miteinander und gegenüber allen Dingen zusammenhängen und zu einem besonderen Schulklima beitragen.

Ich habe es während meiner schulischen Laufbahn so gehandhabt, dass mutwillige Beschädigungen und Zerstörungen direkt an den Schüler und somit an seine Eltern weiterverrechnet wurden. Das allseits beliebte »Sesselschnitzen« kostete zum Beispiel 100 Schilling. Damit konnte sich der Schüler den Sessel als Andenken mit nach Hause nehmen, und um das Geld wurde ein neuer angeschafft. Durch diese konsequente Vorgangsweise wurde jegliches Inventar jahrelang geschont.

> JEDE SCHULE HAT DIE VERPFLICHTUNG, SICH IN EINER STADT ODER IN EINER REGION ZU INTEGRIEREN UND DIESE AUCH ZU PRÄSENTIEREN.

Auch das trägt zu einer Wohlfühlatmosphäre bei, denn zu Hause ist man ja auch nicht von kaputtem Interieur umgeben. Man möchte es so schön und angenehm wie möglich haben. Warum sollte das nicht auch für die Schule gelten? Sowohl Schüler als auch Studierende wissen es zu schätzen, wenn man für sie eine gemütliche Umgebung schafft, in der sie sich mit einem guten Gefühl voll und ganz aufs Lernen konzentrieren können.

HERAUSFORDERUNG IN DER PRÄSENZ NACH AUSSEN

Es ist nicht genug, dass eine Bildungseinrichtung an irgendeinem Ort steht. Jede Schule hat die Verpflichtung, sich in einer Stadt oder in einer Region zu integrieren und diese auch zu präsentieren. Sie ist ein wesentlicher Teil des gesellschaftlichen Lebens. Mit Leistungsschauen, Sportveranstaltungen, Hilfe bei besonderen Ereignissen und anderen Aktivitäten wird der Bezug zur Bevölkerung gestärkt. Schule kann nie in einem gläsernen Turm passieren. Eine Öffnung der Schule nach außen soll sich auch so gestalten, dass der Turnsaal oder andere schulische Einrichtungen Vereinen zur Nutzung zur Verfügung gestellt werden. Eine Schule ist schließlich ein öffentliches Gut. Der Direktor als Repräsentant nach außen ist sozusagen Außenminister der Schule, und es versteht sich von selbst, dass er die Leistungen der Schüler präsentiert, vermarktet und so zu einem positiven Image der Schule beiträgt.

DIE GROSSE CHANCE – AUFBAU DER IMC FACHHOCHSCHULE KREMS

Der Aufbau der IMC FH Krems war und ist für mich die Krönung. Bildungseinrichtungen aufzubauen ist im pädagogischen Bereich grundsätzlich die Königsklasse. Dass es mir möglich war, als erste private Person in Österreich eine universitäre Einrichtung zu gründen, das macht mich besonders glücklich.

IMC Fachhochschule Krems

SO WAR ES MÖGLICH!

* Ende der 90er-Jahre wurden die traditionellen Universitäten vor allem von der Wirtschaft kritisch betrachtet, da sie zu sehr theoretisch und nicht praxisorientiert ausbildeten. Deshalb wurden eine neue Form der universitären Ausbildung und die Gründung von Fachhochschulen in Österreich gefordert. Die sollten praxisorientiert ausbilden und die Absolventen vor allem den Anstellungsanforderungen der Wirtschaft entsprechen.
* Voraussetzung war, dass der rechtliche Rahmen durch ein neues Gesetz, das Fachhochschulstudiengesetz, geschaffen wurde.
* Das damalige Fachhochschulstudiengesetz zeichnete sich durch Einfachheit, Klarheit und wesentliche Inhalte aus. Ich muss aber anmerken, dass sich die Seiten dieses Gesetzes bis heute leider vervielfacht haben und immer mehr Verordnungen und Regularien hineingepackt wurden. Ganz nach dem typisch österreichischen Weg: Alles muss reguliert werden, so es das noch nicht ist. Eigenverantwortung ist nicht gefragt. Dafür wird »verschlimmbessert«.
* In diesem Gesetz war vorgesehen, dass erstmals auch private Rechtsträger die Möglichkeit zur Gründung einer universitären Einrichtung erhalten. Bis zu diesem Zeitpunkt hatte dieses Privileg nur die öffentliche Hand.
* Der Auslöser für die Bewerbung der IMC Krems war ein Anruf des damaligen Bürgermeisters Erich Grabner. Er fragte mich spontan, ob ich mir vorstellen könnte, eine Fachhochschule für Krems aufzubauen. Meine ebenso spontane Antwort war Ja.
* Mich reizten vor allem die zukünftigen Möglichkeiten, die sich durch diese neue universitäre Ausbildung ergeben würden, und ich sah darin eine Chance, meine eigenen Vorstellungen

in diesem interessanten Bildungsbereich zu realisieren. Entscheidend war, bei den ersten Gründungen dabei zu sein. Insgesamt wurden von Bundesseite als erster Schritt acht Studiengänge zugesagt.

* Dass es eine große Zahl von Mitbewerbern gab, versteht sich von selbst. Die neuen Rechtsträger der Fachhochschulen waren zwar nicht staatlich, aber halbstaatliche Organisationen (Wirtschaftskammer, Arbeiterkammer und Länder). Die IMC Krems war der »bunte Hund« in diesem Wettbewerbsreigen.

* Ein umfangreiches Bewerbungsverfahren war die Voraussetzung für den Erfolg.

* Wir gründeten eine private GesmbH mit dem Namen International Management Center Krems GesmbH (IMC). Meine Forderung war, dass ich 70 Prozent der Anteile der Gesellschaft halte, die Stadt lediglich 30 Prozent, um unabhängig von politischen Einflüssen agieren zu können. Mit einem Startkapital von 500.000 Schilling sollte es losgehen.

* Ohne die große moralische Unterstützung auf Landesebene durch Wolfgang Sobotka und die weitere Unterstützung durch Walter Bernhard auf Bundesebene wäre das Projekt nicht umsetzbar gewesen. Für den damaligen Vertrauensvorschuss der beiden Herren bin ich heute noch sehr dankbar.

* Was den Antrag zur Genehmigung des ersten Studienganges betrifft, den wir zum Thema »Tourismus und Freizeitwirtschaft« eingereicht hatten, waren intensive Gespräche mit dem damaligen Präsidenten des Fachhochschulrates, Günther Schelling, erforderlich. Wiederholt betonte er, dass unser Antrag nicht universitär genug sei. Die Herausforderung für uns war klar: Wir mussten das ändern, indem wir die Internationalisierung zum Thema dieses Projektes machten. Das bedeutete, dass wir einen ersten Studiengang

in englischer Sprache einreichten und verpflichtende Praxissemester im Ausland forderten.

* Die Genehmigung des Studienganges war dann mit einem Kuhhandel vergleichbar. Ich war vom damaligen Wissenschaftsminister Erhard Busek eingeladen, der mir vorweg erklärte, dass eine Genehmigung nicht möglich sein werde. Meine aufbrausende Stellungnahme lautete: »Herr Minister, erstmals ist es möglich, dass ein Privater eine universitäre Einrichtung eröffnet, und nun bringt meine Interessenvertretung, die Kammer für gewerbliche Wirtschaft, deren Mitglied ich bin, dieses Vorhaben um? Das kann ja nicht sein!« Diese Aussage dürfte Wirkung gehabt haben, denn er schlug mir 30 Studienplätze vor. Daraufhin erklärte ich ihm, dass ich 50 Plätze beantragt hätte und dass mit 30 Plätzen eine wirtschaftliche Führung unmöglich wäre. Daraufhin meinte er, dass ich ein guter Verkäufer sei, und stimmte einer Studienzahl von 40 Plätzen zu. Allerdings wurden es dann ein paar mehr.

* Damit konnte es endlich losgehen. Mit 45 Studienanfängern und zwei bis drei Mitarbeitern begann das Abenteuer IMC Fachhochschule Krems.

* Die IMC Krems war organisatorisch gesehen »mini«, aber es gab ein verschworenes Kernteam.

* Voraussetzung für die Erreichung des Status Universität waren etwa 1.000 Studierende und mehrere Studiengänge. Aus meiner Sicht gab es von politischer Seite eine absolute Blockade weiterer Studiengänge. Erst als wir durch unsere Studierenden den erfolgreichen Weg von Praxisorientierung und Internationalisierung im Bereich des Studiums aufzeigen konnten, war der Weg für einen zweiten Studiengang frei.

* Das Thema dieses Studiengangs war »Export-oriented Management«. Eine erfolgreiche Prüfung des Rechnungshofes tat ihr

Übriges. Im Bericht zeigte man sich verwundert, dass wir mit einem derart geringen Mitteleinsatz so einen erfolgreichen Weg beschreiten konnten.

* Der Durchbruch gelang. Das weitere Wachstum war möglich, und wir erhielten schließlich im Jahr 2002 den Status IMC Fachhochschule Krems oder University of Applied Sciences.

Wie sich der Beginn gestaltete und wie es für die ersten Studenten war, erzählt an dieser Stelle stellvertretend für viele ihrer Kollegen Julia Flunger-Schulz, die heute Geschäftsführerin der Kunstmeile Krems ist.

Aus den Augen einer der ersten Studentinnen:
JULIA FLUNGER-SCHULZ ÜBER IHRE STUDIENZEIT

Seit der Oberstufe am Realgymnasium in Innsbruck war für mich klar, dass mich Kunst begeistert und ich mir für mein späteres Berufsleben vorstellen könnte, Wirtschaft und Kunst bzw. Kultur zu verbinden. Also machte ich mich auf die Suche nach einer Ausbildung, einem Studium, das die Brücke zwischen Kunst und Wirtschaft schlägt und mir das Werkzeug für einen Beruf in diesem Feld – am besten mit internationaler Ausrichtung – vermitteln könnte. Leider blieb meine Suche bis zum beginnenden Studienjahr 1993/94 erfolglos. Als Kompromiss inskribierte ich Kunstgeschichte und Architektur an der Universität Innsbruck und begann ein On-the-job-Training bei einer Galerie in Innsbruck.

Noch immer war ich auf der Suche nach einer geeigneteren Ausbildung und besuchte im Frühjahr 1994 die Berufs- und Bildungsmesse in Innsbruck. Die IMC Krems war mit einem Stand auf der Messe vertreten, und erstmals hörte ich von der Idee der Fachhochschulen. Der professionelle Auftritt, die herzliche und offene Beratung, der Bildungsplan des Fachhochschulstudienlehrgangs – wie es damals hieß –, die Verbindung aus Praxis und Theorie und vor allem die Tatsache, dass Englisch Unterrichtssprache war und zwei weitere lebende Fremdsprachen angeboten wurden, machten mich neugierig.

Nach genauerer Betrachtung des präsentierten Lehrplans, der Organisationsstruktur der IMC Krems und der Spezifika einer Fachhochschule entschied ich mich, mich für einen der insgesamt 45 Studienplätze für das Studienjahr 1994/95 zu bewerben. Die Tatsache, dass ein zweiteiliges Aufnahmeverfahren auf Englisch in Form einer schriftlichen Prüfung und eines Hearings geführt wurde, war aufregend und neu. Krems als Studienstadt und ein historisches Kloster als Studienort klangen verführerisch. Die Vorstellung, in einer mittelalterlichen Stadt am Tor zur Wachau im Kloster in englischer Sprache und gemeinsam mit internationalen Kollegen studieren zu dürfen, erinnerte mich ein wenig an hoch anerkannte Studienorte wie etwa Princeton und Cambridge. Auch wenn es zum damaligen Zeitpunkt völlig unklar war, wie sich Fachhochschulen entwickeln würden und ob das Konzept aufgehen würde, war ich nach diesem Tag in Krems überzeugt davon, den richtigen Bildungsweg für mich gefunden zu haben, und hoffte, aufgenommen zu werden.

EINES VERBAND UNS ALLE: WIR WAREN DIE ERSTEN FACHHOCHSCHÜLER IN ÖSTERREICH, UND DAS WAR UNS STETS BEWUSST UND SCHWEISSTE UNS ZUSAMMEN.

Und tatsächlich, ich durfte im Herbst 1994 im ersten Jahrgang der Fachhochschulen in Österreich starten.

Unter uns 45 Studenten waren zahlreiche, die bereits über mehrjährige Berufserfahrung in den verschiedensten Branchen verfügten, Schulabgänger, Studienabbrecher, Quereinsteiger und einige wenige internationale Personen – kurz gesagt: Wir waren eine sehr heterogene Gruppe. Eines verband uns alle: Wir waren die ersten Fachhochschüler in Österreich, und das war uns stets bewusst und schweißte uns zusammen. Wir alle wollten, dass es funktioniert, Studenten genauso wie die Organisation IMC Krems und die Professoren. Weil wir die »Erstlinge« waren, genossen wir besondere Aufmerksamkeit. Schließlich war all das, womit wir starteten, bisher nicht erprobt. Ich bezeichne es als großes Glück, Erstling gewesen zu sein, denn wir begegneten den Professoren und dem Führungsteam der IMC Krems auf Augenhöhe, wir wurden ernst genommen, wir wurden dazu eingeladen, Feedback zu geben, Inhalte mitzugestalten, zu verändern und unsere Bedürfnisse zu kommunizieren. Wir wurden unterstützt, kritisch und dabei konstruktiv zu sein.

Unterrichtet wurden wir von internationalen Professoren, deren kulturelle Unterschiede uns offen für Verschiedenheit machten. Ich erinnere mich daran, dass ich die Grundlagen der Betriebswirtschaftslehre von einem Amerikaner, Buchhaltung von einem Ägypter und Tourismusmanagement von einem Puerto Ricaner gelehrt bekam. Allein die kulturellen Unterschiede der Professoren erleben zu können, machte Spaß und forderte uns.

Wir profitierten davon, dass wir sowohl von Universitätsprofessoren als auch von Persönlichkeiten aus dem jeweiligen Fachbereich der

Wirtschaft unterrichtet wurden. Während die einen fundierte Theorie-kenntnisse vermittelten, boten die anderen lehrreiche Einblicke in die Praxis und waren spannende Gesprächspartner.

Gleich zu Beginn unseres Studiums war uns Studenten bewusst, dass wir nach drei Semestern, also nach eineinhalb Jahren, für das vierte Semester ins nicht deutschsprachige Ausland auf Praxis durften und mussten. Während der Unterricht mit der Anwesenheitspflicht durch-aus schulisch organisiert war, wurden wir von Anfang an aufgefor-dert, uns auch selbst darum zu kümmern, bei welchem Unternehmen und wo auf der Welt wir unsere Praxis absolvieren möchten. Die IMC Krems half uns tatkräftig dabei, und obwohl das System der Fachhoch-schulen noch unbekannt war und wir die Ersten waren, gelang es tat-sächlich, für alle Studenten einen Platz für das »Practical Training Se-mester« zu finden und einen entsprechenden Ausbildungsvertrag mit den Unternehmen, die uns Studenten aufnahmen, abzuschließen.

Ich absolvierte ein sechsmonatiges Management-Training in einem Ho-tel in Bangkok, das zum Imperium der thailändischen Königsfamilie zählte. Vor Ort stellte sich heraus, dass ich deren erster nicht asiatischer Trainee war – ich war also erneut Erstling, und erneut war es ein kriti-sches und konstruktives Miteinander.

Die Praxissemester leisteten meines Erachtens einen wesentlichen Bei-trag zur Selbsteinschätzung, zum Selbstbewusstsein, zur Selbstständig-keit und letztlich zur Orientierung auf den Wegen, die sich uns im spä-teren Berufsleben eröffnen könnten.

Im fünften Semester konnten wir thematischen Spezialisierungen nachgehen, und ich stillte mein Interesse an Kultur. Konkret wurde, dem

Titel des Studienlehrgangs »Tourism and Leisure Time Management« gerecht werdend, »Cultural Tourism« als Vertiefung angeboten. Dabei wurde selbstverständlich weder Kunstgeschichte noch Theaterwissenschaft oder Literatur unterrichtet, aber die Motive, warum Kunst und Kultur für uns Menschen wichtig sind, und Best-Practice-Beispiele von erfolgreichen Kunst- und Kulturinstitutionen wurden beleuchtet – das interessierte mich!

Nach einem kurzen gemeinsamen Jahr in Krems starteten wir Erstlinge in unser zweites »Practical Training Semester«. Dieses Mal war es mir ein Anliegen, in Österreich zu bleiben, um die besten Startchancen für den späteren Berufseinstieg auszuloten. Ich hatte Glück, und ein Gastlektor bot mir einen Praxisplatz in seiner Kreativ- und Event-Agentur in Wien an. Die Agentur zählte zu den renommiertesten in Österreich, organisierte zahlreiche Groß-Events im In- und Ausland und war bekannt dafür, sehr künstlerisch zu agieren. Überzeugt hatte mich aber die Tatsache, dass ich von Anfang an direkten Kundenkontakt pflegen durfte und als Projektassistentin vieles umsetzen konnte, von der Budgetierung über die Kostenkontrolle und Abrechnung, vom Kreativkonzept bis zum Regieplan. Es war ein Vorteil, dass der Agenturchef mich als Studentin unterrichtet hatte, mir rasch Vertrauen schenkte und Verantwortung abgab. Noch bevor ich nach Abschluss meines sechsmonatigen Training-Programms ins achte Semester an die Fachhochschule zurückkehrte, um die Diplomarbeit und die Abschlussprüfungen zu absolvieren, hatte ich ein Jobangebot von dieser Agentur, als fixe Mitarbeiterin und Projektleiterin nach dem Studium.

So ging es vielen von uns, denn im Unterschied zu den Universitätsabgängern hatten wir bereits ein ganzes Jahr an echter Berufserfahrung in der Tasche, also keine »McJobs« zur Finanzierung des Studiums.

Rückblickend war die Zeit, die wir in Krems verbracht haben, sehr kurz, sehr intensiv, sehr verbindend und sehr prägend. Das Miteinander zwischen Fachhochschule und Studenten auf Augenhöhe, die Internationalität der Professoren, die Verschmelzung von Theorie und Praxis und die heterogene Kollegenschaft waren ein Erfolg.

DAS BILDUNGSUNTERNEHMEN
EIN MITEINANDER VON IMC UND WIRTSCHAFT

Das Thema Wirtschaft ist mir eine Herzensangelegenheit. Der Schlüssel zu einem nachhaltigen Erfolg für Universitäten oder Fachhochschulen, aber auch für innovative, kooperationswillige Unternehmen liegt in der Zusammenarbeit. Eine neue Weisheit ist das freilich nicht, und manche mögen das sogar für selbstverständlich erachten. Ich behaupte jedoch, dass nur wenige wirklich so handeln. Im Idealfall ist eine Fachhochschule wie ein Unternehmen organisiert und bietet als ihr Produkt Ausbildung an. Fachhochschulen sind Bildungsunternehmen und müssen als solche geführt werden. Daran gibt es für mich keinen Zweifel. Sie sind somit gleichwertige Partner aller Wirtschaftsunternehmen und haben gleiche Zielsetzungen – eine solide Basis für eine erfolgreiche Zusammenarbeit. Ziel eines jeden Unternehmers ist es, am Markt seinen Kunden ein nachfragegerechtes Produkt anzubieten.

Ein Beispiel: Das Bundesland Niederösterreich beschloss, dass die Stadt Krems eine aktive Rolle in der zukünftigen Entwicklung der Biotechnologie spielen sollte. Die Ansiedlung von Unternehmen in diesem Bereich wurde unterstützt und forciert. Es war für unsere IMC

Fachhochschule eine logische Schlussfolgerung, der Entwicklung zu folgen und ein Studienprogramm für »Medizinische und Pharmazeutische Biotechnologie« zu entwickeln. Mit einem Expertenteam und Wolfgang Schütt, einem äußerst kompetenten Studiengangsleiter mit besten Kontakten zur Industrie, gelang es innerhalb kürzester Zeit, dieses Studienprogramm aufzubauen und zusätzlich noch erhebliche Forschungsaufträge zu lukrieren.

Entscheidendes Kriterium für eine Berufs- und Studienwahl ist das Angebot eines späteren Arbeitsplatzes, und zwar in immer stärker werdendem Ausmaß. »Wie sieht es mit den Job-Aussichten am Ende meines Studiums aus?«, das ist die meistgestellte Frage der Studenten. Daher ist es für uns selbstverständlich, dass eines der obersten Ziele unserer IMC Fachhochschule Krems die Beschäftigungsquote unserer Absolventen ist. Diese liegt derzeit nach den monatlichen Berichten des AMS bei 98 Prozent. Das heißt, dass für unsere Graduierten innerhalb von sechs Monaten eine ausbildungsadäquate Anstellung im Bereich der Wirtschaft sichergestellt ist.

Nicht die Zahl der neu Inskribierten ist für den Erfolg einer Fachhochschule entscheidend, es ist die Zahl jener Absolventen, die durch das gewählte Studium und die entsprechende Ausbildung einen adäquaten Arbeitsplatz finden. In diesem Zusammenhang ist die Erfolgszahl natürlich auch vom Miteinander von Fachhochschule und Wirtschaft bestimmt.

Wesentlich bei der Wahl der universitären Ausbildung ist für die Studenten das Image der Fachhochschule. Ein ausgezeichnetes Image ist allerdings ein langer Prozess und eine permanente Entwicklung. Ein Imageverlust hingegen kann ganz schnell entstehen, und zwar oft durch Fehleinschätzungen und nicht professionell abgehandelte Kleinigkeiten. Ein neuerlicher Imageaufbau ist ungleich schwieriger.

SO HABE ICH DAS IMAGE MEINER FACHHOCHSCHULE AUFGEBAUT

Seit der Gründung 1994 hat sich die IMC FH Krems als eine der führenden Fachhochschulen etabliert. Der äußerst gute Ruf eilt der Einrichtung auch international voraus. Dahinter steckt akribische Arbeit, denn der Aufbau eines Images wird durch zwei Faktoren bestimmt:

* interne Faktoren
* externe Faktoren

Eine klare Definition der innerbetrieblichen Strukturen und Aufgaben sowie die Firmenphilosophie eines Unternehmens sind die Basis für den strategischen Image-Aufbau. Am Beispiel der IMC Fachhochschule sind die internen Faktoren folgende: eine international geschützte Wort-Bild-Marke.

IMC-Logo

Weiters eine klare und flache Hierarchie, um rasch und unbürokratisch Entscheidungen treffen zu können.

Die Aufteilung von akademischen und wirtschaftlichen Kompetenzen versteht sich von selbst, wobei eine enge Abstimmung und Zusammenarbeit garantiert sein müssen. Entscheidend sind ein effektives Qualitätsmanagement und die Evaluierung der Qualität, die sowohl intern als auch extern erfolgt. Die vorgegebenen Visionen, die Mission und die Werte werden von allen Mitarbeitern gelebt. Sie müssen brennen, um das Feuer weitergeben zu können. Daraus abgeleitet ist eine klare Strategie mit Zielvorgaben und persönlicher Verantwortung. Das Erreichen der Ziele wird regelmäßig überprüft. Bei den Mitarbeitern steht die persönliche Verantwortung im Vordergrund. Dafür ist eine faire Bezahlung ebenso wichtig wie Incentives. Die ausgezeichnete Arbeitsatmosphäre ist auch durch eine offene Kommunikation mit dem Team, das mittlerweile 300 Mitarbeiter umfasst, gewährleistet.

An dieser Stelle noch ein kleines Beispiel zum Thema Eigenverantwortung: An der IMC Fachhochschule haben alle Abteilungsleiter autonome Budgets, für die sie verantwortlich sind. Ich frage nicht, wofür sie Geld ausgeben. Ich schaue mir nur an, ob die Zahlen am Monatsende schwarz oder rot sind. Ob sie Kongresse im In- oder Ausland besuchen oder wen sie zum Frühstück einladen, entscheiden sie selbst. Es geht dabei nur um Vertrauen und Loyalität. Ich hatte diesbezüglich noch kaum Enttäuschungen. Meine Vorgabe ist: Jeder, der ein Budget verwaltet, muss schwarze Zahlen schreiben. Mehr braucht es nicht. Eine Überkontrolle bringt nichts und kommt fast einer Entmündigung gleich. Vertrauen schafft hingegen Motivation, Freude und Begeisterung. Es stärkt auch das selbstständige Arbeiten und das Wertegefühl der Mitarbeiter. An der IMC Fachhochschule gibt niemand seine Verantwortung am Eingang ab, ganz im Gegenteil, und das schätzen die Menschen sehr.

Es sind viele einzelne Punkte, die in Summe eine gelebte Wohlfühlatmosphäre ergeben. Wesentlich sind für mich Verantwortungsträger und nicht Schreibtischtäter. Die Kombination aus all diesen Faktoren führt auf direktem Weg zu einem höchst motivierten Team, dessen Arbeit unmittelbar den externen Image-Faktor bewirkt, nämlich die Kundenzufriedenheit. Des Weiteren garantieren die internen Faktoren eine enge Zusammenarbeit mit unseren Studenten, Geschäftspartnern und der Öffentlichkeit.

An dieser Stelle möchte ich noch einige andere Faktoren erwähnen, die für das Image des Unternehmens aus Sicht der Studenten relevant sind. In Krems legen wir großen Wert auf die Individualisierung der Studenten. Bei uns ist niemand eine Nummer, wir kennen jeden Einzelnen beim Namen. Das ist uns wichtig. Beim Auswahl- und Aufnahmeverfahren haben wir ganz klare und objektive Kriterien.

Was die Vermarktung von Studienplätzen betrifft, ist die Kundenzufriedenheit der Erfolgsfaktor. Die Erfahrung hat gezeigt, dass es keine bessere Werbung gibt als Mundpropaganda. Darum setzen wir auch bei der Vermarktung unserer Programme auf unsere Studenten, die den Newcomern und jenen, die andenken, welche zu werden, von der außergewöhnlichen Atmosphäre und der intensiven Betreuung berichten.

Unsere Director's Corners unterstützen unsere Studenten bei ihren Anliegen und Wünschen. Eine moderne Infrastruktur sowie die

Organisation von Sport- und gesellschaftlichen Veranstaltungen sind weitere Entscheidungskriterien für die Wahl der Fachhochschule.

Während der Ruf nach einer Benotung für Lehrer in der heimischen Medienlandschaft regelmäßig hohe Wellen schlägt, ist das an der IMC FH Krems schon lange Status quo, und zwar problemlos. Einmal pro Semester wird die fachliche und pädagogische Kompetenz unserer Professoren durch die Studenten evaluiert. Dabei bedienen wir uns des gängigen Notensystems 1 bis 5, und wir sind stolz darauf, dass der Notendurchschnitt unseres Professorenteams bei 1,8 liegt. Das ist ein hervorragender Wert und zugleich eine kostbare Referenz.

Abgesehen davon haben wir eine höchst professionelle Marketing-Abteilung, die permanente Öffentlichkeitsarbeit macht sowie medienwirksame Events ausrichtet. Wir sind stolz darauf, dass die Leistungen unserer Marketingabteilung immer wieder von externen Unternehmen nachgefragt werden.

Ein ganz wichtiger Schlüssel ist für mich der Markt. Denn es ist so:

* Der Wettbewerb im Bildungsbereich nimmt ständig zu.
* Die Konkurrenz der Universitäten und Fachhochschulen wird stärker.
* Entscheidend ist es, sich von den Mitbewerbern zu unterscheiden und abzuheben. Das bedeutet, anders zu sein als all die anderen.

Wenn Sie an die aktuelle Entwicklung auf dem Sektor der höheren Bildung denken, werden Sie mit mir übereinstimmen, dass der Wettbewerb zwischen den Universitäten und Fachhochschulen immer stärker wird. Einer der Gründe ist sicherlich die Globalisierung auf dem Arbeitsmarkt und dem Hochschulsektor. Der internationale Bildungswettbewerb nimmt stetig zu. Sich einzig und allein mit dem nationalen Hochschulsektor zu vergleichen wäre ebenso ignorant wie fatal. Wir müssen uns am internationalen Bildungssektor messen. Von Anfang an war unser Credo: »Wir sind zwar eine österreichische Hochschule, aber international ausgerichtet.«

Ein weiteres Erfolgskriterium ist, dass Studiengänge angeboten werden, die inhaltlich den Bedürfnissen der Wirtschaft entsprechen. Der Studiengang muss ein nachgefragtes Produkt sein. Deshalb ist es unabdingbar, bei der Entwicklung von Studienprogrammen auch Unternehmen und Interessensvertretungen stark einzubinden. Basis dafür sind Bedarfsanalysen sowie die Berufsfeldforschung.

Eine permanente Evaluierung der Bildungsangebote sowie eine Absolventenanalyse sind essenziell, um gegebenenfalls Korrekturen und Anpassungen vornehmen zu können. Unser IMC Career Center ist der Link zwischen Unternehmen, unseren Studenten und Jung-Absolventen. Es organisiert karrierebezogene Services wie zum Beispiel Career Links, Jobportal oder Talent Bank und unterstützt bei der Unternehmensgründung (Start-up-Förderung).

IMC — EIN BILDUNGSUNTERNEHMEN IM UNIVERSITÄREN BEREICH

Die IMC FH Krems ist ein gelebtes Beispiel eines Bildungsunternehmens im universitären Bereich. Wir sind ein privates Unternehmen mit einer Leistungsvereinbarung mit dem öffentlichen Sektor. Ich bezeichne uns als Managementgesellschaft im Auftrag des Ministeriums für Bildung, Wissenschaft und Forschung. Rechtsträger ist die IMC Fachhochschule Krems GmbH. Wir sind absolut frei im Bereich des Managements, die Qualitätskontrolle liegt jedoch beim BMBWF. Durch das institutionelle Hochschulaudit, das alle sieben Jahre stattfindet, werden Erfolg und Qualität anhand der gesetzlich definierten Prüfbereiche evaluiert und bestätigt.

Diese Auditberichte und Verfahrensergebnisse werden von der Akkreditierungsbehörde im Internet veröffentlicht. Beim letzten Hochschulaudit 2017 wurden in den geprüften Bereichen sechs von sieben Eckpunkten mit »Sehr gut« und einer mit »Gut bis Sehr gut« bewertet. Diese externe Beurteilung macht die IMC FH Krems völlig transparent. Universitäten werden dieser Prüfung nicht unterzogen. Bei uns findet die Qualitätsprüfung extern und intern statt. Wir klopfen uns nicht selbst auf die Schulter und meinen, dass wir gut sind.

Unsere Organisation reflektiert eine unternehmerische Denkweise mit einer flachen Hierarchie, die bei Entscheidungsfragen ein rasches Handeln möglich macht. Die Organisationsstruktur besteht aus der Geschäftsführung, dem akademischen Bereich sowie dem Aufsichtsrat.

DIE POLITIK DER GESCHÄFTSFÜHRUNG

* Qualitätsmanagement und Zertifizierung nach ISO 9000 – permanente interne Evaluierung
* Festlegung der Unternehmensstrategie mit Zielkontrolle
* Aufbau einer wirtschaftlichen Plattform und Kommunikationsebene
* Akquirierung von Forschungs-, Beratungs- und Projektaufträgen
* Budget und Finanzpolitik

Die Geschäftsführung garantiert dem akademischen Bereich die notwendige Infrastruktur und die finanzielle Sicherheit. Die Abteilungen und die Studiengänge haben ein garantiertes autonomes Budget, das im Rahmen der gesamten Budgetplanung des Unternehmens jährlich fixiert wird. Die Kontrolle erfolgt ausschließlich über den monatlichen Soll-Ist-Vergleich. Die Optimierung von Abläufen und Prozessen wird durch die ständigen Evaluierungsprozesse garantiert.

UNSERE WERTE

Wir sind ein lernendes Team. Wichtig sind uns: Fairness, Engagement, gegenseitiges Vertrauen, Kompetenz und individuelle Förderung. Unsere Aktivitäten werden vom kontinuierlichen Kommunikationsfluss und dem Wissen bestimmt, dass wir nur gemeinsam stark und erfolgreich sein können. Akademische und unternehmerische Kompetenz sowie Professionalität sind unsere höchsten Ziele.

Es ist mir wichtig, an dieser Stelle nochmal das äußerst erfolgreiche Miteinander von IMC FH Krems und der Wirtschaft hervorzuheben, das in den nachstehenden Punkten dokumentiert wird.

BEISPIELE VOM MITEINANDER VON FH UND WIRTSCHAFT:

* Lehrende kommen zu 60 Prozent aus der Wirtschaft
* internationale Praxissemester
* gemeinsame Tätigkeit in Forschungs- und Entwicklungsprojekten
* Diplomarbeiten als Auftragsarbeiten
* Rekrutierungsmesse »Career Links«
* WirtschaftsBoard

* Beratungsprojekte
* Managementdialoge und Ähnliches

Daraus leitet sich auch ab, dass unsere Studenten schon während des Studiums in das Berufsleben integriert werden und so bessere Berufsaussichten und Jobmöglichkeiten haben.

GO INTERNATIONAL — TRANSNATIONAL EDUCATION

Da wir an der IMC FH Krems den ersten Studiengang »Tourismus und Freizeitwirtschaft« in englischer Unterrichtssprache anboten, war der Weg der Internationalisierung vorgezeichnet. Das Ziel der Unternehmensstrategie war klar: Die IMC University of Applied Sciences sollte sich als internationalste Fachhochschule Österreichs positionieren. Englisch als erste Kommunikationsebene in vielen Programmen eröffnete uns die Möglichkeit zu vielen internationalen Partnerschaften im Bereich der Hochschullandschaft.

Da Österreich ein Exportland ist und dieser Export wesentlich zum Erfolg der österreichischen Wirtschaft beiträgt, drängte sich der zweite von uns eingereichte Studiengang förmlich auf. Er hieß »Export-orientiertes Management«, war mehr als nur ein Blick über den österreichischen Zaun und führte unmittelbar dazu, dass unsere Studenten weltoffen und exportorientiert denken.

Wir von der IMC FH Krems waren die Ersten, die sich bewusst der Internationalität verschrieben haben – zu einer Zeit, als noch keine Rede von Globalisierung war. Heute bieten wir 50 Prozent der 32 Studiengänge in englischer Unterrichtssprache an. Zum jetzigen

Zeitpunkt haben wir weltweit 140 aktive Partneruniversitäten und Studenten aus 60 verschiedenen Nationen. Damit hat sich unser Anspruch, die internationalste österreichische Fachhochschule zu sein, bestätigt. Internationalität wird bei uns gelebt. Ein »österreichischer Bildungsexport« wurde vielfach vom Ministerium gefordert. Für mich ein schönes Schlagwort, mehr nicht. Meist erschöpfte sich dieser Bildungsexport nach wenigen Auslandsaktivitäten. Im Bildungsbereich ist es aber nicht anders als bei anderen österreichischen Unternehmen, die exportieren möchten. In beiden Fällen steht und fällt der Erfolg mit einem qualitativ hochwertigen Produkt. Im Bildungsbereich reden wir von einem Bildungsprodukt. Das unterstreicht einmal mehr, dass Bildung und Wirtschaft eine Symbiose bilden. Gemeinsam mit meinen Mitarbeitern habe ich für diesen Bildungsexport ein internationales Ausbildungsprodukt entwickelt. Dieses galt es dann international zu vermarkten und zu positionieren.

Als Teilnehmer vieler Wirtschaftsdelegationen, die von der Außenstelle der Bundeswirtschaftskammer organisiert wurden, konnte ich unsere IMC FH Krems präsentieren. Neben den vielen professionellen Exporteuren unseres Landes war ich immer der Einzige, der sein Angebot im Bildungsbereich vorstellte. Dadurch konnte ich wertvolle Wirtschaftspartnerschaften für unsere studierende Jugend rekrutieren.

Zu vielen dieser exportierenden Firmen hatte ich ein sehr freundschaftliches Verhältnis. Dadurch ergaben sich für unsere Studenten Möglichkeiten zu Praxisplätzen im Ausland und in weiterer Folge für Absolventen auch Anstellungen. Im Laufe der Zeit wurde ich zu immer mehr Wirtschaftsdelegationen eingeladen, und die IMC Fachhochschule Krems wurde als *die* unternehmerische und exportierende Ausbildungsstätte Österreichs angesehen.

Die Erstkontakte zu den Universitäten und Unternehmen in den jeweiligen Ländern organisierten die Handelsdelegierten der Bundeswirtschaftskammer für mich vor Ort. Meine Reisen führten mich in fast alle europäischen Länder sowie in erster Linie in den Nahen und Fernen Osten.

Durch diese Auslandskontakte wurde mir bewusst, dass Österreich als Tourismusland hoch angesehen ist und dass unser Know-how in diesem Bereich international hoch im Kurs stand und steht. Meiner Ansicht nach werden sich in Zukunft weitere Chancen im Bereich Gesundheit, Biotechnologie und klassische Musik eröffnen.

Viel versprochen hatte ich mir anfänglich von den Einladungen zu den Wissenschaftsdelegationen, die vom Büro des Bundespräsidenten organisiert wurden. Doch nach der ersten Euphorie, dass auch die IMC FH Krems Teil dieser ausgewählten Wissenschaftsdelegationen ist, musste ich rasch feststellen, dass jegliche Professionalität für den oft geforderten Bildungsexport fehlte. Meist standen Museumsbesuche oder Teilnahmen am Programm der Frau des Bundespräsidenten im Vordergrund. Ertragreich war lediglich das Kennenlernen einzelner innerösterreichischer Bildungsträger.

Die internationale Abteilung der IMC Fachhochschule haben wir selbst Schritt für Schritt aufgebaut, ohne dafür jemals Subventionen erhalten zu haben. Oft wurde ich gefragt, ob sich unsere internationale Abteilung denn rechnen würde. Mich haben diese Fragen immer erstaunt, und ich antwortete darauf, dass diese Abteilung ein Profitcenter ist und nicht von Verlusten leben könnte. Allein diese Frage ist für mich typisch österreichisch und entspringt der weit verbreiteten Beamtenmentalität. Deshalb ist es mehr denn je notwendig, neue

Public-Private-Partnership-Modelle im Bereich der universitären Ausbildung einzufordern. Mit der IMC Fachhochschule Krems GesmbH habe ich keine Non-Profit-Organisation gegründet, sondern ein Unternehmen, das im nationalen und internationalen Wettbewerb steht und in dem das Risiko eines Verlustes oder Erfolges der Eigentümer persönlich trägt. Man kann ja nicht auf Wirtschaft ausgerichtet sein und sie im gleichen Zug scheuen und jede Art von Risiko umgehen wollen.

Die Förderbehörde ist geprägt von Angst und Misstrauen, was meist auch die Gründe für das komplizierte und ineffiziente Fördersystem sind. In Zukunft wären Vertrauen, Zuversicht und eine unbürokratische Abwicklung gefragt, damit mehr unternehmerische Bewegung in den Bildungssektor kommt, denn die ist wichtiger denn je. Unser Exportprodukt »Ausbildung« haben wir im Bereich der sogenannten »Transnational Education« in drei Hauptgebiete zusammengefasst:

* Bachelor- und Masterprogramme
* maßgeschneiderte zertifizierte Programme
* Train-the-Trainer-Programme

BACHELOR- UND MASTERPROGRAMME

* Die IMC FH Krems bietet die Entwicklung und Implementierung akkreditierter Studiengänge in Zusammenarbeit mit internationalen Partnerhochschulen an deren Standorten an. Das bedeutet, dass wir zum Teil bis zu 50 Prozent der Vorlesungen durch unsere Lehrenden aus Krems übernehmen.
* Die Unterrichtssprache ist Englisch, und unsere »Flying Faculty

Lehrenden« aus Krems unterrichten am ausländischen Standort. Die IMC FH Krems übernimmt die Reise- und Aufenthaltskosten, die Partneruniversität bezahlt dafür einen von uns kalkulierten Betrag.
* Die Studenten haben die Möglichkeit, ein Auslandssemester in Krems zu absolvieren, und erhalten dafür die österreichischen EU-Abschlüsse Bachelor of Arts in Business (BA) und Master of Arts in Business (MA).

MASSGESCHNEIDERTE ZERTIFIZIERTE PROGRAMME

* Diese Kurzzeitprogramme von flexibler Dauer sind voll auf die Bedürfnisse der Kunden abgestimmt. Die Ausbildung kann in Krems oder an der Partnerhochschule erfolgen.
* Wir bieten ein Komplettservice-Paket an, das Abholung am Flughafen, Unterkunft mit Vollpension, Lehreinheiten und Exkursionen zu relevanten Unternehmen sowie Expertengespräche beinhaltet.

TRAIN-THE-TRAINER-PROGRAMME

* Die maßgeschneiderten Train-the-Trainer-Programme bieten den Teilnehmenden internationales Know-how am neuesten Stand an.
* Das Angebotspaket ist ident mit den »Maßgeschneiderten zertifizierten Programmen«.

Die Chancen, die sich durch diese internationalen Verknüpfungen und Angebotspolitik der IMC Fachhochschule Krems ergeben, sind leicht erklärt. Es ist eine Win-win-Situation für die Studenten. Derzeit haben wir Programme in sechs Ländern laufen.

Selbst in Zeiten von Corona haben wir es geschafft, neue Vertragspartner zu gewinnen. Ein besonderes Beispiel ist die jüngste und aufgrund der Gegebenheiten virtuelle Vertragsunterzeichnung mit der October 6 University in Kairo. Im Februar 2020 war ich Teilnehmer im Rahmen eines offiziellen Ägypten-Besuches von Nationalratspräsident Wolfgang Sobotka. Wer mich kennt, weiß, dass ich offizielle Gelegenheiten nütze und bei diesen nach möglichen universitären Partnerschaften suche.

Im Zuge des lediglich drei Tage dauernden Besuches hatte ich Gespräche mit Vertretern von acht Universitäten. Darunter war auch die October 6 University in Kairo. Nach der Präsentation meiner IMC FH zeigten sich die Verantwortlichen so begeistert, dass sie eine Partnerschaft mit uns eingehen wollten. Dieser Wunsch wurde kürzlich Realität.

Ein besonderes Highlight war für mich, als ich dem Minister für Wissenschaft und Forschung die IMC Fachhochschule Krems kurz vorstellen durfte und er mir antwortete: »So etwas brauchen wir unbedingt für unser neues Projekt in Sharm el Sheikh.« Meine Antwort darauf: »Herr Minister, in 14 Tagen bin ich in Sharm el Sheikh.« Etwas erstaunt meinte Nationalratspräsident Sobotka: »He is always so ambitious.« COVID-19 machte mir dann einen Strich durch die Rechnung. Ich musste die Reise absagen. Dennoch stehen wir nach wie vor in Kontakt und hoffen, das Projekt Sharm el Sheikh für die IMC Fachhochschule Krems gewinnen zu können.

Hier sehen Sie nun die Bilder von der virtuellen Vertragsunterzeichnung mit der October 6 University. Teilnehmer: der Nationalratspräsident, das Führungsteam der IMC FH Krems und hochrangige Vertreter der Universität sowie der österreichische Botschafter in Ägypten, Georg Stillfried. Weitere Bilder zeugen von anderen transnationalen Partner-Programmen, wie wir sie zum Beispiel mit Japan, Thailand und Vietnam haben.

Virtuelle Signing Ceremony mit der October 6 University in Kairo. Im Bild sind Heinz Boyer und Karl C. Ennsfellner.

Virtuelle Signing Ceremony mit dem Rektor der October 6 University und dem österreichischen Botschafter Georg Stillfried

Projekte Japan — Iran — Thailand — Bangladesch

Projekte China

Projekte Vietnam

Projekt Aserbaidschan

Diese transnationalen Programme werden nur von uns angeboten. Die Form der Zusammenarbeit mit unseren internationalen Partneruniversitäten ist hervorragend und äußerst erfolgreich. Der wohl beste Beweis dafür ist, dass die gemeinsamen Programme laufend verlängert werden. So sind wir zum Beispiel in Aserbaidschan seit über zwölf Jahren tätig und haben mitgeholfen, das Azerbaijan-Austrian Tourism Program (AATP) aufzubauen.

Unsere Absolventen sind in führenden Häusern und Tourismusorganisationen in Baku tätig, und es ist angenehm zu wissen, dass ich bei jedem Besuch in Baku – egal in welchem Hotel ich untergebracht werde – von ehemaligen Studenten mit einem »Herzlich willkommen, Herr Boyer!« begrüßt werde.

Für diesen Erfolg mussten wir die österreichische Bürokratie überwinden. Äußerst suspekt war zu Beginn unserer Tätigkeit eine Forderung des Ministeriums, dass Studierende aus Fernost zuerst die deutsche Sprache zu lernen haben und auch eine Nostrifizierung der Matura notwendig wäre, um in Österreich studieren zu können. Außerdem waren wir damals verpflichtet, einem nicht-europäischen Studenten lediglich ein Studiengeld von 360 Euro pro Semester zu verrechnen, obwohl die kalkulierten Kosten pro Studierendem in Österreich über 4.000 Euro ausmachen.

Noch heute wundere ich mich darüber, warum der österreichische Staat auf diese Weise wohlhabende Studenten, zum Beispiel aus China, mit dem Differenzbetrag finanziert und fördert. Ich merke an, dass ein Studium für einen Asiaten, sei es in England, Amerika oder Australien, mit mehr als 10.000 Euro pro Semester angeboten wird. Einen echten Bildungsexport betreiben am chinesischen Markt die

Australier. Deren Bildungsangebot ist derart profitabel, dass es die Einnahmen übersteigt, die Australien über den Export von Schafwolle erzielt.

Wollte man es von offizieller Seite und unbürokratisch zulassen, würden sich für unser kleines Land Österreich, das im Herzen Europas liegt, weit mehr Möglichkeiten für einen Bildungsexport ergeben. Aber offenbar mangelt es diesbezüglich am Interesse und vermutlich auch an der Weitsicht für das wahre Potenzial eines qualitativ hochwertigen Bildungsproduktes.

Eine Überlegung, die ich im Rahmen der Wirtschaftsdelegationen häufig diskutiert und besprochen habe, ist, dass es die Möglichkeit vom Ausbildungsexport zum Produktexport gibt. Ein enges Zusammenwirken mit österreichischen Exportunternehmen bestünde darin, dass neben dem Verkauf ihrer Produkte gleichzeitig eine notwendige Schulung mitübernommen werden könnte. Mit dieser Zusammenarbeit ergäben sich einmalige Angebotspakete mit großen Wettbewerbsvorteilen.

Durch die »Transnational Education« haben wir den Studenten der IMC Fachhochschule Krems eine große internationale Tür geöffnet. Sie haben die Möglichkeit, ein ganzes Semester an einer der 140 Unis, mit denen wir Abkommen zur Zusammenarbeit haben, zu studieren, das voll angerechnet wird. Hinzu kommt, dass wir Vereinbarungen mit Universitäten haben, die den Erhalt eines sogenannten »Double Degrees« ermöglichen.

Von den erforderlichen Praxissemestern unserer Studenten werden 60 Prozent im Ausland absolviert. Wir reden hier also nicht von einer theoretischen Internationalisierung, sondern von einer höchst praktischen. Damit haben wir in den verschiedensten Ländern ein Netzwerk von sogenannten »IMC Ambassadors« aufgebaut.

Ich selbst durfte an einem IMC-Stammtisch in Shanghai teilnehmen, wo wir uns mit 13 Absolventen trafen, die dort ihren Berufseinstieg geschafft haben. Es war für mich faszinierend festzustellen, welche Bindung unsere Alumni nach wie vor zu ihrer Hochschule haben.

An dieser Stelle möchte ich auch den jährlichen »IMC Home Coming Day« erwähnen, an dem zwischen 600 und 700 Graduierte in Krems zu einem geselligen Zusammensein und zum Austausch wieder zusammenkommen. Als Beweis für die Wertschätzung wurden wir mehrmals zur Nummer 1 im Bereich der Studentenzufriedenheit gewählt. 98 Prozent unserer Alumni empfehlen uns als »IMC University of Applied Sciences« weiter.

Unabhängigkeit, unternehmerisches und akademisches Denken, Mut und Risikobereitschaft sowie das Vertrauen in ein eigeschworenes Mitarbeiter-Team sind die Ingredienzien für den gemeinsamen Erfolg von Studenten und ihrer Hochschule.

PROJEKTENTWICKLUNGEN IM BILDUNGSBEREICH

Führung und Management von Bildungsbetrieben haben mich immer schon interessiert. In gleichem Maße aber begeistere ich mich für neue Entwicklungen. Neuerungen, die ich entweder selbst initiiere oder bei denen ich mitgestalten kann, sind mir willkommene Herausforderungen.

Getreu meinem Motto »Stillstand ist Rückschritt« versuche ich interessante Projekte mit dynamischen Prozessen abzuwickeln. Da mir auf dem internationalen Bildungsparkett der Ruf vorauseilt, in Österreich mehrere Bildungseinrichtungen erfolgreich aufgebaut zu haben, erhalte ich auch entsprechende Anfragen aus dem Ausland. Ich denke behaupten zu dürfen, dass es nur wenige gibt, die auf diesem Sektor über einen derart reichen Erfahrungsschatz verfügen. Die meisten Anfragen bekomme ich zum Thema Tourismusentwicklung in bestimmten Regionen. So hat sich die IMC FH Krems auch in Expertenberatung im Bereich Entwicklung innovativer Ausbildung, Feasibility-Studien und Managementunterstützung für Gesamtprojekte einen Namen gemacht. Diese Know-how-Pakete umfassen auch Tourismus- und Ausbildungsexpertisen.

DIE UMSETZUNG IN FÜNF SCHRITTEN

* Fact Finding Mission
* Project Design und Angebot
* Feasibility-Studie und Businessplan
* Umsetzung
* Training und Management

Nach einer entsprechenden Anfrage, die wir vorweg seriös überprüfen, begebe ich mich dann zur Fact Finding Mission vor Ort, um mit den dortigen Entscheidungsträgern ihre Überlegungen und Wünsche zu besprechen. Aufmerksames Zuhören ist dabei ein wichtiger Punkt. Danach analysiere ich das Projekt und unterbreite meist auf einer Seite Papier meine kritischen Anmerkungen und Vorstellungen.

So gelingt es mir rasch, eine sehr persönliche und vertrauensvolle Beziehung aufzubauen. Die Auftraggeber merken, dass ich mit Leib und Seele bei der Sache bin, und bescheinigen mir, dass ich mein Handwerk verstehe. Mit den nötigen Unterschriften unter der Absichtserklärung, in der auch der nächste Schritt festgehalten ist, trete ich dann die Heimreise an.

INTERNATIONALE PRESTIGE-PROJEKTE

Beispielgebend möchte ich drei besonders interessante Projekte beleuchten, die im Anschluss hier auch mit Bildern belegt werden.

Eines meiner ersten Projekte war die Entwicklung des »Oman Tourism College« in Maskat. Das Projektziel war die Einführung von »Diploma Programmes« für »Tourismus und Hotelmanagement« sowie die Planung des Colleges selbst.

Gründung Tourism College in Maskat, Oman

Heinz Boyer mit Studenten des Tourism College in Maskat

Ein weiterer spannender Auftrag waren eine Feasibility-Studie und die Erstellung eines Business-Plans für ein Projekt in Akaba. Dafür wurde ich im Palast von der jordanischen Königin Rania begrüßt – eine meiner schönsten Begegnungen. Ich war fasziniert von ihrer Persönlichkeit und Ausstrahlung, ja förmlich sprachlos. Mein Freund Architekt Ernst Maurer und ich erstellten umfangreiche Studien und Pläne, die wir dann der Königin persönlich im Sommerpalast präsentieren durften. In der Folge reiste ich oft nach Jordanien, um dieses interessante Projekt zu realisieren.

Treffen mit Königin Rania von Jordanien

In Buraimi im Oman, wo die IMC FH Krems den Auftrag für die Entwicklung einer neuen Universität erhielt, durfte ich eingehend die arabische Mentalität kennenlernen. Dieses Projekt zählt für mich heute noch zu den aufregendsten, schwierigsten, aber auch interessantesten. Da hieß es dann schon mal am Freitag in der Früh von Wien abzuheben, um Mitternacht in Maskat zu landen, den ganzen Samstag für Besprechungen zu nutzen und bereits wieder um Mitternacht nach Wien zurückzufliegen, um am Montag wieder fast ausgeschlafen im Büro zu sitzen. Allein die Details und Schwierigkeiten dieses Projektes würden ein Buch füllen. Darum an dieser Stelle lediglich ein paar wenige bildliche Eindrücke.

Gründung der Universität Buraimi, Oman

Was diese drei internationalen Beispiele betrifft, können wir stolz sein, dass sich Österreich als kleines Land in Mitteleuropa mit seinem Know-how gegenüber den Big Playern durchzusetzen weiß. Erfahrungen, Kenntnisse, Professionalität und Handschlagqualität überzeugen unsere Partner immer wieder.

BILDUNG FÜR GENERATIONEN

Von den Projekten in Österreich möchte ich abschließend zwei besondere Programme hervorheben. Der IMC Campus Krems ist ein Campus der Generationen. Darum haben wir auch Programme für die Jugend und die »Golden Ager« ausgearbeitet und entwickelt.

Junge Uni

Die Junge Uni ist eine Woche Spaß, Entdeckungsgeist und Wissenschaft. Was wir im Jahr 2006 umsetzen und präsentieren konnten, war die erste Jugend-Universität in Niederösterreich. Wir starteten mit 180 Kindern, und gleich beim ersten Durchgang war die Junge Uni binnen ein paar Stunden ausverkauft. Wir wollten keine »Hochbegabten-Schmiede«. Ganz im Gegenteil: Sie sollte für Kinder aus allen Bildungsschichten für 9 Euro pro Woche erschwinglich sein.

Seit 14 Jahren ist dieses erfolgreiche Projekt stetig gewachsen. Mittlerweile sind es fast 3.000 Kinder im Alter von 10 bis 13 Jahren, die in die Welt der Wissenschaft und Forschung eintauchten. Sie alle waren mit Spaß und Begeisterung dabei. Das Projekt wurde schon mehrmals ausgezeichnet und ist eine Herzensangelegenheit der gesamten FH. Besondere Schwerpunkte sind Nachhaltigkeit, Naturwissenschaften, Wirtschaft, Digitalisierung, Gesundheitsthemen und Technik.

Senioren-Uni

Mit dieser Idee ging ich jahrzehntelang schwanger, und die Senioren-Uni ist ein echtes Herzensprojekt von mir. Ich konnte und wollte nicht zur Kenntnis nehmen, dass das geistige Potenzial jung gebliebener Senioren einfach brachliegt. Schließlich ist es mir gelungen, auch dieses Projekt umzusetzen, auch wenn ich lange darauf warten musste. Das Land Niederösterreich erkannte den Trend der Weiterbildung von Senioren und bot 2012 mit der IMC FH Krems einen gemeinsamen Lehrgang für Senioren in Niederösterreich an. Der übertraf dann sämtliche Erwartungen der Teilnehmer und Organisatoren.

Diese Art der Weiterbildung ist ein Angebot für Erwachsene, die in der Zeit nach der Berufs- und Familienphase neue Aufgaben für sich entdecken möchten. Die sogenannten »Golden Ager« können sich im Umfeld der Hochschule neues Wissen aneignen oder das ihre auffrischen. Das erlernte Know-how kann dann zum Beispiel in ehrenamtlichen Tätigkeiten umgesetzt werden. Angeboten wird ein viersemestriger strukturierter Lehrgang für Personen, die im Rahmen des »Studiums im Alter« an Lehrveranstaltungen teilnehmen.

Zusammenfassend war und ist die IMC Fachhochschule Krems eine einmalige Erfolgsgeschichte. Diese wird durch mehrere Faktoren bestimmt:

* die »besondere Unternehmenskultur«
* eine gelebte familiäre Atmosphäre
* ein ausgewähltes und hochmotiviertes Professoren- und Mitarbeiterteam
* eine hervorragende Infrastruktur

* das Flair einer besonderen Stadt
* großartige Absolventen, die weltweit als Botschafter agieren
* enge Kooperation mit Wirtschaft und Industrie
* die Internationalisierung
* die Qualitätssicherung in allen Bereichen der Forschung und des betrieblichen Managements
* klare Strategie- und Zielvereinbarungen
* Unabhängigkeit und Transparenz
* das Miteinander von Entrepreneurship und Academia
* Pionier zu sein.

DIE INTERNATIONAL SCHOOL KREMS (ISK) – ABGELEITET AUS MEINER PÄDAGOGISCHEN ERFAHRUNG

Auch wenn sich Krems innerhalb weniger Jahre zu *der* Universitäts- und Schulstadt in Niederösterreich entwickelt hat, fehlte mir immer ein innovatives Bildungsangebot für die jüngsten Mitbürger. Immer wieder betonte ich in Gesprächen und Vorträgen: »Krems muss das Heidelberg von Niederösterreich werden.« Heidelberg in Deutschland ist die bekannteste Universitäts- und Schulstätte mit entsprechender Reputation weltweit.

Mittlerweile hat Krems, bezogen auf die Einwohnerzahl, die höchste Universitätsdichte weltweit! Inzwischen sind es fünf universitäre Einrichtungen. Krems ist das geworden, was in Deutschland Heidelberg ausmacht – die Bildungshauptstadt schlechthin. Mit einer bezaubernden Altstadt, Kunst- und Freizeitangeboten sowie Weltkulturerbe.

KREMS – EINE SYMBIOSE AUS TOURISMUS, KULTUR UND BILDUNG

Die Gründung einer internationalen Schule in Krems sollte das Bildungsangebot erweitern und abrunden. Diese Idee oder Forderung stellte ich jährlich bei den Zukunftskonferenzen auf. »Krems braucht eine internationale Schule«, das war meine damalige Aussage. Die Resonanz darauf war überaus positiv und groß. Die Fragen, die sich jedoch jeder stellte: »Wer macht das?« und »Wer kann das realisieren?«.

Die Schulterklopfer waren nicht weit, die damals zu mir sagten: »Keiner kann das so wie du.« Als es aber ans Eingemachte ging, waren die vielen Fürsprecher dahin. Wenige Unterstützer blieben und noch weniger Umsetzer. Anfänglich musste ich noch Überzeugungsarbeit bei meiner eigenen Tochter leisten, die von diesem neuen Projekt nicht unbedingt begeistert war.

Die Fragen, die ich mit mir selbst klären musste: Sollte es eine öffentliche oder eine private Schule werden? Welche Organisationsform sollte sie haben, welches pädagogische Konzept? Und wie sah es mit der Finanzierung und dem Standort aus? Meine Begeisterung, dieses Projekt zu verwirklichen, war jedenfalls rasch geweckt, und die Umsetzung sollte so schnell wie möglich folgen.

Für die Finanzierung der Schule war es essenziell, dass die Kirche Teil dieses Projektes werden würde. Darum stellte ich Bischof Klaus Küng im Rahmen eines Besuches meine Idee vor. Auf große Begeisterung stieß die allerdings zunächst mal nicht.

Dennoch organisierte ich eine erste Arbeitsgruppe, in der das pädagogische Konzept sowie der Businessplan ausgearbeitet wurden. Persönliche Freunde erklärten sich bereit, einer zu gründenden Gesellschaft beizutreten und diese auch finanziell zu unterstützen. So wurde die ISK Non-Profit GesmbH gegründet.

Unverständlich war für mich die Ablehnung, die dieses zukunftsweisende Projekt manchmal erfuhr. Vielleicht wurde die aus der Angst vor etwas Neuem geboren oder vor einer nicht fassbaren Konkurrenz. Ich bin aber generell kein Typ, der sich gerne mit Problemen beschäftigt, also verschwendete ich auch damit keine Zeit.

Ich widme mich höchstens Schwierigkeiten, die ich aktiv lösen möchte.

Meinem Motto »Anders sein als alle anderen« blieb ich auch bei der ISK treu. Darum wurde die ISK Krems zu einer bilingualen verschränkten Ganztagsschule. Die erste Klasse startete im September 2016.

Das Schulkonzept möchte ich Ihnen mit dem Text vorstellen, der auf der Homepage der International School Krems steht. Der liest sich so:

An der »International School Krems« ...

... sind Schülerinnen und Schüler jeder Herkunft, Konfessions- und Religionszugehörigkeit willkommen. Das einzelne Kind mit seinen individuellen Fähigkeiten, Talenten und Begabungen steht im Mittelpunkt, der Unterricht fördert ihre kreativen Potenziale.

... werden die Kinder durch die Vermittlung von Werten, Wissen und Sozialkompetenz auf christlich-katholischer Basis auf die Herausforderungen der Zukunft vorbereitet.

... findet der Unterricht bilingual in Deutsch und Englisch statt. Die Ablegung der Cambridge Certificates hat eine große Bedeutung im Hinblick auf die internationale Ausrichtung.

... werden English Native Speaker in folgenden Bereichen, aufbauend von erster bis vierter Schulstufe, eingesetzt:

Bilingualer Unterricht (Assistenz) in ...
* Sachunterricht

* Mathematik
* Musikerziehung
* Bildnerische Erziehung
* Werken
* und Bewegung und Sport.

Im Freizeitbereich
* Morgen- und Mittagsbetreuung
* Freizeitstunden (soziales Lernen, Forscherstunden, Spielstunden)

Gegenstandsbezogene Lernzeit – im Bereich »Language Arts«

… wechseln sich Lernsequenzen und Freizeit im Rhythmus von An-spannung und Entspannung harmonisch in Form der verschränkten Ganztagsschule ab.

… wird die Klassengröße konsequent auf maximal 22 Kinder be-schränkt.

… wird nach dem österreichischen Lehrplan unterrichtet und auf in-dividuelles, projektorientiertes und flexibles Lernen besonders viel Wert gelegt.

… stehen Medienbildung, der spielerische Umgang mit Technik und Problemlösung sowie die digitale Grundbildung im Vordergrund.

Den Erfolg dieser besonderen und einmaligen Schule möchte ich nicht selbst beurteilen. Darum möchte ich an dieser Stelle auszugsweise einen Artikel veröffentlichen, den meine Co-Autorin Martina Bau-er verfasst hat. Weiters möchte ich die Direktorin der Schule, Petra

Wolfsberger, vor den Vorhang bitten. Also jene Frau, deren Einsatz und Engagement seit der Gründung maßgeblich zum großen Erfolg dieser Schule beigetragen haben.

Martina Bauer schrieb in einem Artikel nach einem Besuch der ISK auszugsweise Folgendes:

Schultaschen schleppen müssen die ISK-Schüler nur am Freitag, um ihren Eltern das Erlernte am Wochenende präsentieren zu können. Unter der Woche bleiben ihre Sachen in der Schule. Hausaufgaben im klassischen Sinn gibt's nämlich nicht. Die werden in der Schule erledigt, und gelernt wird dort auch.

Englisch steht bereits ab der ersten Klasse am Programm, und zwar mit Native Speakern, die bei allen Unterrichtsfächern mit dabei sind, außer in Deutsch. Jedes Kind hat einen Buddy, also einen älteren Kumpel, wodurch nicht nur das soziale Lernen forciert wird. »Wir nennen das auch die Helping Hands, und das mögen die Kinder wirklich sehr. Sowohl die Kleinen als auch die Buddys, also die Größeren«, so Petra Wolfsberger.

Die Direktorin erklärt das verschränkte Konzept der bilingualen Ganztagsschule so: »Wir haben sowohl Pflicht-, Lern- sowie Freizeitstunden über den ganzen Tag verteilt. Bei den Mehrstufenklassen werden die Hauptgegenstände stufenrein unterrichtet, in den Nebengegenständen wie zum Beispiel Musik, Werken, Turnen und andere sind die Kinder zusammengefasst. Die Native Speaker sprechen nach dem Immersionsprinzip mit. Das heißt, im Team-Teaching ergänzen sich die Lehrer in ihrer jeweiligen Muttersprache. Es werden also Sequenzen auf Englisch und auf Deutsch gesprochen. Das Gleiche gilt für die Freizeitstunden und die Mittagspausen. Fast genauso groß wie Englisch wird in der ISK Bewegung geschrieben. Eines von vielen Merkmalen, die den großen Unterschied zu herkömmlichen Volksschulen ausmachen. Einmal am Tag gibt's eine Stunde Bewegung. Meist draußen, mit verschiedensten Sportarten. Bibliotheksstunden stehen ebenso am Programm wie individuelle Lernstunden, wo Lehrer auf diverse Schwächen der Schüler eingehen.«

Keine Frage, in der International School Krems steht das Kind an erster Stelle. Wir sind uns der Verantwortung, die wir für seine Ausbildung haben, bewusst. Direktorin Petra Wolfsberger hat ihre Überlegungen zu dem Erfolgsmodell, das dazu da ist, den Kindern zu dienen, so zusammengefasst:

ISK-Direktorin Petra Wolfsberger

Mit den folgenden Botschaften und Inhalten streben wir danach, unsere Ziele umzusetzen. In unserer Schule …

… steht das einzelne Kind mit seinen individuellen Fähigkeiten, Talenten und Begabungen im Mittelpunkt.

… gehen wir im Unterricht auf die Bedürfnisse und speziellen Voraussetzungen der Kinder ein und fördern ihre kreativen Potenziale.

… wird auf individuelles, projektorientiertes und flexibles Lernen sowie das wertschätzende Begleiten der uns anvertrauten Schüler besonders viel Wert gelegt.

… werden die Kinder durch die Vermittlung von Werten, Wissen und Sozialkompetenz auf die Herausforderungen der Zukunft optimal vorbereitet.

… *haben Lernfreude und Lernmotivation, die eine wichtige Rolle in der kindlichen Entwicklung spielen, einen hohen Stellenwert.*

… *werden dynamische neue pädagogische Konzepte und Unterrichtsformen von einem besonders motivierten und engagierten Team erprobt.*

Das ganzheitliche Lernen ist ein unverzichtbarer Bestandteil des Erfolgs. Ganzheitliches Lernen ist Lernen mit allen Sinnen, Lernen mit Verstand, Gemüt und Körper. Der Begriff »Ganzheitlichkeit« stellt die Persönlichkeit des Lernenden und den individuellen Lernprozess in den Fokus.

Ein paar Worte möchte ich hier noch zur individuellen Förderung anmerken. Ein individuell förderliches Lernklima vermeidet grundsätzlich Demotivation und knüpft an den Stärken der Kinder an. Die Lern- und Leistungsbereitschaft wird durch motivierende Lernmethoden und Unterrichtsformen angeregt. Sowohl grundsätzliche Leistungsfähigkeit als auch besondere Begabungen werden kontinuierlich gefördert.

Expliziter Förderunterricht wird eine Stunde pro Woche für einzelne Kinder angeboten. Unser Forder-Förder-Konzept umfasst folgende Bereiche:

Wir ermöglichen begabten Kindern die Teilnahme am »Drehtürmodell«. Dabei haben sie die Möglichkeit, in einzelnen Gegenständen stundenweise am Unterricht einer höheren Schulstufe teilzunehmen.

Wir setzen viele Maßnahmen zum sozialen Lernen um. Wie etwa das Tutorensystem »Lern-Buddys«: Jedes Kind der Schule wählt einen eigenen Lernbuddy.

Das macht eine erfolgreiche Schule aus!

Es gibt drei simple Fragen, die man sich dazu stellen muss:

Wie gut sind wir?
Woher wissen wir, wo wir stehen?
Wie können wir noch besser werden?

Eine starke Schule muss mehr leisten als der Durchschnitt. Ein wichtiger Indikator ist die Zufriedenheit der Eltern und der Kinder. Wir haben dazu eine Kriterienliste erstellt, die uns helfen soll, diese Zufriedenheit zu erlangen:

* *Die Kinder gehen gern in diese Schule. Die Lust aufs Lernen wurde geweckt.*
* *Die Schule fordert und fördert Leistung, anspruchsvolle Aufgaben werden gestellt.*
* *Bei Schwierigkeiten erhalten Schüler Hilfe, Rückmeldungen gehen über reine Notenvergabe hinaus.*
* *Die Eltern arbeiten aktiv in der Schule mit. Die Schule fördert ihr Engagement.*

Zum Abschluss möchte ich, stellvertretend für viele, hier einige ausgewählte Rückmeldungen an die Schulleitung anführen:

Beobachtungen einer Praktikantin zur Freizeitpädagogin

Aufgrund meiner Ausbildung an der KPH Wien/Krems musste ich, Lisa Marie Göllner, ein Schul- und Unterrichtsbesuch-Praktikum an einer Schule absolvieren. So verbrachte ich die Woche vom 9. 11. bis zum

13. 11. 2020 in der ISK. Ich war und bin noch immer überrascht, so freund-
liche und motivierte Kinder in einem so jungen Alter vorzufinden. Es gibt
kein einziges, das sich über die zu machende Schulübung beschwerte oder
mal unmotiviert war, etwas Neues zu lernen. Jede Klasse bildet eine nette
Runde und ein richtiges Team. Es ist so schön, dass die Kinder so begeis-
tert sind, sich etwas anzueignen, aber genauso schön ist es, dass sie vom
Lehrpersonal und den Native Speakern so angespornt werden.

Da ich ein Projekt mit einer Klasse planen musste, sammelte ich eines
Nachmittags mit der vierten Klasse Ideen zu Themen, die die Kinder be-
sonders interessierten. Mit ihren Vorschlägen machten sie mich sprach-
los. Wenn man glaubt, dass diese jungen Schülerinnen und Schüler nur
an Computerspielen interessiert sind, hat man sich gewaltig geirrt. The-
men wie Welthunger, die ärmsten Länder der Welt, Umweltverschmut-
zung und so weiter kamen dabei auf. Ich war sehr überrascht, dass die-
se jungen Menschen sich so sehr um das Wohl unserer Welt kümmern
wollten, während viele Erwachsene nicht einmal einen Gedanken dar-
an verschwenden.

Bianca Brantner war Volksschullehrerin und ist mittlerweile Geschäftsführerin der ISK. Außerdem ist sie Mutter von zwei Kindern,
welche die ISK besuchen. Viel näher dran kann man an einer Schule,
deren Geschäfte man selbst führt, also nicht sein. Als Mutter bekommt sie täglich das Feedback ihrer Kinder. Aber lassen wir sie
selbst zu Wort kommen:

Bianca Brantner, Geschäftsführerin der ISK

Während meiner Laufbahn als Lehrerin habe ich schon in verschie-
densten Volksschulen unterrichtet. Oft habe ich es bedauert, dass man

im Unterricht nur für das Notwendigste Zeit hatte und nicht sehr in die Tiefe gehen konnte. Vor allem kommt die Sprache Englisch in der Volksschule zu kurz. Aktuell bekommen die Kinder bis zu einer Stunde Englischunterricht pro Woche. Dies sollte heutzutage nicht mehr die Regel sein.

Als mein Mann, Bernd Brantner, und ich im Jahr 2016 hörten, dass in Krems eine ganztägige bilinguale »Internationale Schule« namens ISK startet, war dies für uns eine große Freude und ein englischer Lichtblick. Nach einem Treffen mit Heinz Boyer und der damaligen pädagogischen Geschäftsführerin der ISK wurde uns klar, dass für unsere Kinder nur die »Internationale Schule Krems« in Frage kommen wird. Mein Mann war von dem internationalen bilingualen Projekt in Krems derart überzeugt, dass er mit seiner Firma die Schule finanziell, aber auch persönlich stark zu unterstützen begann und später auch Anteile der ISK übernahm.

2017 startete unsere ältere Tochter in der ISK. Wir waren von Anfang an von der Schule begeistert. In einer ganztägig verschränkten Schulform haben die Kinder ein besonders inniges und vertrautes Verhältnis zur Schule, zu dem Lehrer- und Native-Speaker-Team sowie zum Verwaltungspersonal. Es ist wie eine gut funktionierende Großfamilie. Ganz besonders schätzen wir, dass die Kinder nicht auf einen Lehrer bezogen sind, sie kennen alle Lehrer und Natives der Schule. Der Grund dafür ist, dass die Schule die Lehrer und Natives nach ihren persönlichen Stärken einsetzt und somit die Kinder von den positiven Seiten des Lehrpersonals profitieren dürfen.

Heinz Boyer erkannte mein pädagogisches Brennen für diese Schule und fragte mich 2018 nach zwei Jahren Volksschulbetrieb, ob ich die pädagogische Geschäftsführung der Internationalen Schule Krems GmbH übernehmen möchte. Dies war für mich eine große Ehre und eine tolle neue Herausforderung, die ich gerne annahm. Parallel dazu wurde Joachim Zimmel als kaufmännischer Geschäftsführer angeheuert und löste somit Heinz Boyer in seiner Tätigkeit ab. Im September 2020 ist die »Internationale Schule Krems GmbH« in den »Verein ISK Internationale Schule Krems« umgewandelt worden.

Grundsätzlich darf man sagen, dass die Schulleitung die Seele einer Schule ist und hier die ISK mit Petra Wolfsberger, welche die Schule seit 2016 führt, eine großartige Wahl getroffen hat. Sie ist eine hoch engagierte Schulleiterin, lebt für und liebt die ISK und führt sie mit großer Bravour.

Mittlerweile kann man sagen, dass die ISK Volksschule im Kremser Schulbild sehr erfolgreich verankert ist und ihren Platz gefunden hat. Darum ist der Verein ISK Internationale Schule Krems davon überzeugt, dass die Zeit für eine weiterführende ISK gekommen ist. Diese wird eine ganztägig verschränkte bilinguale Mittelschule/Junior High School sein, welche nach einem international ausgerichteten Konzept, wie auch die Volksschule, geführt wird. Voraussichtlicher Start wird im September 2021 sein. Und nun noch zwei der vielen Nachrichten von Müttern, die uns in der herausfordernden Corona-Zeit erreicht haben.

WhatsApp-Nachricht einer Mutter zur angebotenen »Corona-Betreuung«: *Bin wirklich sehr glücklich, dass mein Kind diese Zeit in der ISK ist. Ihr macht es toll!!!*

Mail einer Mutter zum angebotenen Distance-Learning: *Die täglichen Zoom-Meetings sind fast schon das Highlight des Tages. Mein Kind*

*freut sich besonders auf seine Lehrerin! Hier ein großes Lob an Ihr Leh-
rerteam – aus Erfahrung weiß ich, dass die Umstellung auf Videokonferenzen, Weiterbildungen via Zoom usw. eine besondere Herausforderung ist […]. Leider geht dies zu oft unter – aber in welcher Zeit Sie mit
Ihrem Team wieder alles auf Distance-Learning umgestellt haben, finde
ich wirklich bemerkenswert – erschwert derzeit durch die »Doppelbelastung« durch Betreuung vor Ort und Distance-Learning.*

Glückliche Kinder der ISK

Die ehrlichsten Komplimente

Impressionen von der »International School Krems«

KOMMENTARE UND ANMERKUNGEN VON WEGBEGLEITERN UND FREUNDEN

ULRIKE PROMMER,

Geschäftsführerin der IMC Fachhochschule Krems und Tochter von Heinz Boyer

Das ist typisch Heinz Boyer: »Schreib ein Kapitel für mein Buch, so ungefähr zwei Seiten über unsere Zusammenarbeit – du weißt schon …« So habe ich diese Aufgabe von meinem Vater bekommen, und nun grüble ich, wie ich das schaffen kann.

DIE AUFGABENZUTEILUNGEN VON HEINZ BOYER SIND IMMER VISIONÄR.

Die Aufgabenzuteilungen von Heinz Boyer sind immer visionär, knapp formuliert, man hat viel Spielraum zur Umsetzung, und das Wichtigste dabei ist ihm ein gutes Ergebnis.

Auch für diesen Buchbeitrag war es nicht anders – nur diesmal ist es schlicht und einfach unmöglich und nicht schaffbar! Wie kann man Heinz Boyer, unsere Zusammenarbeit sowie die verschiedenen Rollen von uns beiden in zwei Seiten fassen? Das wäre fast die Story für ein eigenes Buch.

Ich werde mich daher auf jene Eigenschaften von Heinz Boyer beschränken, die unsere Zusammenarbeit und unser Zusammenleben am meisten geprägt haben. Jene Eigenschaften, die ihn als besonderen Menschen auszeichnen und für mich auch der Grundstein für den Erfolg sind.

Wenn ich so über die Zeit als Tochter, als Schülerin, als Studentin, als Mitarbeiterin und als Kollegin in der Geschäftsführung nachdenke, kommen mir immer wieder einprägsame Sprüche und Werte von Heinz Boyer in den Sinn. Diese Sprüche waren für alle sehr motivierend. Ich bin überzeugt, jeder Weggefährte und Kollege kennt sie auswendig. Sie beschreiben aber auch sehr gut meinen Vater Heinz Boyer, wie ich ihn in vielen verschiedenen Rollen erlebt habe.

Einer dieser Sprüche war und ist: *»Geht nicht gibt's nicht!«*. Heinz Boyer ist ein sehr visionärer Mensch, der sehr früh Chancen erkennt und in vielen Bildern das fertige Projekt oder Produkt beschreibt und auch jedem verkauft. Dass es bei einigen Umsetzungen seiner Visionen auch Stolpersteine gibt, gleicht er mit einer gewissen Sturheit aus (man sagt mir nach, dass auch ich einige Sturheit geerbt habe).

Seine Sturheit hat sich jedoch mehrfach ausgezahlt: Gerade bei der Gründung der IMC FH Krems war sein Motto »Geht nicht gibt's nicht« genau das Richtige, um Erfolg zu haben. Nur durch sein unermüdliches Einwirken bei allen Stakeholdern in Krems, in NÖ und beim Bund wurde das »Go« für den ersten Studiengang erzielt und so der Grundstein für die IMC FH Krems gelegt. Bei einigen Türen musste er mehrfach anklopfen und mit viel Überzeugungsarbeit seine Vision der Fachhochschule Krems präsentieren und umsetzen.

Die Ausrichtung der IMC FH Krems als internationalste Fachhochschule, in der bereits im Gründungsjahr 1994 der erste englischsprachige Studiengang entstanden ist, gründet sich auf den Spruch von Heinz Boyer: »*Anders als die anderen*«. Für Heinz Boyer ist es wichtig, im Bildungsbereich immer vorne zu sein, Innovationen aktiv zu suchen, Neuerungen auszuprobieren und nicht mit der großen Masse zu schwimmen. Er lehnt Bürokratie kategorisch ab und hinterfragt gerne die Sinnhaftigkeit und Zweckmäßigkeit. Die Begründung »Weil wir es schon immer so gemacht haben« spornt ihn noch mehr für Neuerungen und Änderungen an. Dieser Ansporn und der unermüdliche Drive, weiter vorne mit dabei zu sein, fußen auf seinem Spruch »*Stillstand ist Rückschritt*«.

In den Jahren des großen Wachstums der IMC FH Krems hatte ich ab und zu eine Phase, in der ich mir ein »Durchschnaufen« gewünscht hätte. Mein Vater hat mich jedoch mit seiner Begeisterung für neue Projekte immer wieder überzeugt und motiviert. So auch bei der Gründung der International School Krems. Meine Kinder haben gerade maturiert, und ich war als Mutter wirklich froh, mich vom Schulwesen etwas distanzieren zu können. Es lagen mir noch zu viele Schularbeiten, Hausaufgaben und Mitteilungshefte im Magen.

Gerade in dieser Phase beginnt Heinz Boyer die International School Krems zu gründen und startet mit der ersten Projektgruppe. Es hat einige Anläufe gebraucht, aber nach zwei Wochen hat er es geschafft: Er hat mich mit seiner Vision, eine Schule zu gründen, in der alle innovativen pädagogischen Konzepte umgesetzt werden, restlos überzeugt. Mit voller Freude und viel Elan wurde ich Teil der Arbeitsgruppe »ISK Krems«, bin sehr stolz und froh, wie die kleine Schwester der FH sich entwickelt, und freue mich, dass bereits über 80 Kinder die ISK Krems besuchen.

Wenn ich mich an meine Kindheit und Schulzeit erinnere, denke ich besonders an zwei Werte meines Vaters: »*Humor und Strebersdorf*«. Wer Heinz Boyer kennt, kennt auch sein Lachen – lang, laut und sehr ansteckend. Als Schülerin wurde ich (wirklich nur einmal) beim Schummeln erwischt, und ich musste mir eine Unterschrift im Mitteilungsheft von meinem Vater, der auch damals mein Direktor war, abholen. Mit zittrigen Knien und einer taktisch gut eingesetzten Träne pilgerte ich in das Direktorenzimmer, um das Schummel-Geständnis abzulegen. Ich rechnete damals mit einer Moralpredigt, mit Taschengeldreduzierung oder Fernsehverbot. Was aber folgte, war ein typischer Heinz-Boyer-Lachanfall, den sicherlich das halbe Konferenzzimmer nebenan gehört hat. Er hat mich nicht nur damals sehr positiv mit seinem Humor überrascht, sondern sehr oft in all den Jahren – mit Humor geht's manchmal etwas leichter, gerade in verzwickten Situationen.

WER HEINZ BOYER KENNT, KENNT AUCH SEIN LACHEN — LANG, LAUT UND SEHR ANSTECKEND.

Der zweite Wert »*Strebersdorf*« war jedoch von der eigenen Kindheit Heinz Boyers geprägt. Dieses magische Wort beschreibt seine Ordnungsliebe, seinen Sinn für Genauigkeit bis hin zu einem richtigen Drang nach Sauberkeit. Ich nehme an, dass die Zeit im Internat in Strebersdorf besonders prägend war. Nicht nur in unserer Familie, sondern auch im Arbeitsleben wussten ich und auch das gesamte IMC-Team, dass es, wenn das Wort »Strebersdorf« aufkam, Zeit zum Zusammenräumen war, Zeit, schnell die Schubladen zu schließen und Papierberge zum Verschwinden zu bringen. Dieser Wert hat manchmal – ich gebe es zu – genervt. Rückblickend jedoch zeigt sich, dass Heinz Boyer schon immer im Trend war, heutzutage heißt es »Magic Cleaning« statt »Strebersdorf«.

Wenn ich den Führungsstil meines Vaters beschreiben soll, fallen mir sehr viele weitere Werte und Sprüche ein. Er gibt allen Mitarbeitern sehr viel Vertrauensvorschuss und möchte, dass jeder seinen Beitrag für den Erfolg leistet. Er möchte Verantwortungsträger, die die Verantwortung für Studierende, Absolventen und auch Forschungsprojekte übernehmen. Bei vielen Mitarbeiterkonferenzen und Teambesprechungen hat er uns aufgefordert, *Verantwortungsträger und keine Schreibtischtäter zu sein.* Werte wie *Kundenorientierung* und *Wohlfühlatmosphäre* sind für ihn nicht nur Schlagworte, sondern müssen von den Mitarbeitern mitgetragen und gelebt werden.

Für Heinz Boyer ist die Beziehung zu den Studierenden eine sehr emotionale und wichtige. Sein Spruch »*In Krems sind Studierende keine Nummer, wir kennen sie beim Namen*« begleitet uns schon seit 1994. Für Heinz Boyer ist es wichtig, dass jeder im Team aktiv mitarbeitet und für jeden dieselben Regelungen gelten. Diese Teamorientierung ist an der IMC FH Krems sehr spürbar. Der erste Spruch im Leitbild der IMC FH Krems ist: »*Wir sind ein lernendes Team*«, und ist auf die ausgeprägte Teamorientierung von Heinz Boyer zurückzuführen. Für ihn ist es wichtig, dass der Erfolg ein gemeinsamer ist und gemeinsame Erfolge auch gefeiert werden.

»*Tu Gutes und rede darüber!*« Diesen Spruch hat nun Heinz Boyer in seinem aktuellen Projekt – seinem Buch, das Sie in Händen halten – umgesetzt. Er ist ein Meister der positiven Kommunikation, und es ist eine Freude zu sehen, wie stolz er über Erfolge, neue Projekte, neue Ideen oder auch neue Kontakte berichtet. Das ist ein Wert, den ich besonders an meinem Vater schätze. Im Alltag mit vielen Meetings, Projekten und Aufgaben übersieht man leicht seine eigenen positiven Beiträge. Diese werden oft zur Selbstverständlichkeit und nicht weiter beachtet. Heinz Boyer schafft es, sich auf diese positiven Dinge, auf die Erfolge und Besonderheiten zu konzentrieren, und erzählt sie gerne allen Bekannten und Partnern. Abschließend, wenn man nun zusammenfasst – was wünscht sich Heinz Boyer, wen will er in seinem Team haben? Er wünscht sich Umsetzer, Verantwortungsträger, Verkäufer, Sparefrohs, Kommunikationsprofis und Sympathieträger. Er wünscht sich Offenheit, Loyalität und gemeinsame Erfolge. Danke, dass ich in dem Team »HB« dabei sein und die gemeinsamen Erfolge mitgestalten darf. Danke, Paps!

DANKE, DASS ICH IN DEM TEAM »HB« DABEI SEIN UND DIE GEMEINSAMEN ERFOLGE MITGESTALTEN DARF. DANKE, PAPS!

PHILIPP MADERTHANER

Unternehmer des Jahres 2018,
Inhaber des »Campaigning Bureau« und ehemaliger
Schüler der HLF und von Heinz Boyer

Krems also. Es wäre übertrieben zu sagen, dass man solche Entscheidungen im zarten Alter von 14 Jahren im vollen Bewusstsein aller Konsequenzen trifft. Dabei gehört die Auswahl der richtigen Schule für die eigene Berufsbildung wohl zu den bedeutendsten überhaupt. Dass die HLF Krems dabei als Tourismusschule für mich die exakt richtige Wahl sein sollte, hat sich jedoch rasch bestätigt. Nicht etwa deswegen, weil mich meine Laufbahn danach in den Tourismus führen sollte – das tat sie nicht –, sondern vielmehr, weil sie mich als Schule fürs Leben nachhaltig geprägt und damit bestens auf meine berufliche und unternehmerische Laufbahn vorbereitet hat. Das »Unternehmen Schule«, wie Heinz Boyer als großer Visionär und Unternehmergeist es verstanden hatte, war dafür maßgeblich.

»DIE SCHÜLER SIND UNSERE KUNDEN, DIE LEHRER UNSERE FÜHRUNGSKRÄFTE«

Als Unternehmer weiß ich heute: Die Aufgabe von Unternehmen ist es, die besten Ergebnisse für ihre Kunden zu erzielen und dabei einen perfekten Rahmen für die Entwicklung, das Wachstum und die Verwirklichung der eigenen Mitarbeiter zu schaffen. »Die Schüler sind unsere Kunden, die Lehrer unsere Führungskräfte« ist wohl einer der ersten Sätze von Heinz Boyer, die mir nachhaltig in Erinnerung blieben.

Er hat ihn nicht nur gesagt, sondern jeden Tag gelebt. Und es war jener Satz, der den Unterschied zum überwiegenden Rest des

Bildungsbetriebs machen sollte. Dieser Geist wurde jeden Tag zum Leben erweckt. Das machte Heinz Boyer sicherlich nicht zum bequemsten Direktor für die öffentliche Hand. Keiner, der sich fügt, der brav den Lehrbetrieb administriert, so wie es das Gesetz vorsieht. Sondern einer, der permanent die Grenzen strapaziert, sie neu auslegt und nach vorne schiebt. So wie es Unternehmer eben tun. Ich erinnere mich an eine Anekdote, die mir Heinz Boyer erzählte, als ich ihn in meiner Rolle als Schulsprecher damals näher kennen lernen durfte.

Mit einem Lachen erzählte er mir, dass man sich am Sitz der Bildungsbehörden in St. Pölten und Wien schon Warnungen zurief, wenn wieder einmal ein Besuch des umtriebigen Direktors aus Krems anstand. »Versteckts die Brieftaschen, der Boyer kommt!«, war der einhellige Tenor. Visionen brauchen eben neben Tatkraft, Leadership und Teampower auch den schnöden Mammon. Was für jedes Start-up heute zum täglichen Geschäft gehört, nämlich Geld für die eigenen Ideen aufzustellen, war im Bildungsbetrieb damals, freundlich formuliert, »exotisch«; für Boyer aber notwendig.

So erbaute er, einem Start-up gleich, Schritt für Schritt aus dem Nichts eine der damals anerkanntesten Kaderschmieden der Branche. An den Spirit, den Geist des Bildungsunternehmens, das Heinz Boyer schuf, erinnere ich mich heute noch lebhaft. Es sind unternehmerische Tugenden und Werte, die ich damals hautnah erleben durfte. Es gab klare Spielregeln für alle Player, Voraussetzung für ein geordnetes Miteinander und reibungsloses Arbeiten in jedem Betrieb – auch im Schulbetrieb. Schuluniform und Namensschilder sorgten dafür, dass man sich auch äußerlich stets daran erinnert fühlte, »im Dienst« zu sein – und damit Teil eines Verhaltenskodexes, der das Miteinander regelte.

Ein vergessenes oder kaputtes Namensschild konnte dabei schon mal zum Verweis aus dem Speisesaal führen. Warum? Ganz einfach: »So sind die Regeln.« Disziplin und Respekt im Umgang, ein Grüßen am Gang, Manieren und Benehmen, all das wurde in der HLF Krems mitgelehrt. Ein Geschenk, das viele Eltern heute vom Bildungsbetrieb unausgesprochen erwarten und nur in den allerseltensten Fällen eingelöst wird.

Doch all das war kein Selbstzweck. Galt es doch, die Spitze der besten Tourismusschulen zu erklimmen, jungen Menschen den Blick zu öffnen für die weite Welt und damit ihre eigene Zukunft. Ein Bildungsbetrieb mit Vision – auch das als klare Abgrenzung zum Lehrbetrieb als Administrationsaufgabe. Heinz Boyer stand für diese Vision höchstpersönlich. Als Identifikationsfigur, Motor und Richtungsgeber. Als unermüdlicher Unternehmergeist im Sinne seiner Kunden – der Schüler. Und für mich persönlich auch als großes Vorbild.

HAB EINE VISION UND NIMM DIR VOR, GROSSES ZU SCHAFFEN — ALLES ANDERE LÄSST DEIN HERZ NICHT LACHEN UND WIRD IRGENDWANN VERGESSEN SEIN.

Heinz Boyer war vermutlich der erste Unternehmer, zu dem ich aufschaute. Die erste Unternehmerpersönlichkeit, mit der ich mich identifizierte und die mich in der Folge auch prägte. So viel von dem, was ich heute als Unternehmer umsetzen und anwenden darf, habe ich von ihm gelernt. Hab eine Vision und nimm dir vor, Großes zu schaffen – alles andere lässt dein Herz nicht lachen und wird irgendwann vergessen sein. Rechne mit Widerstand, weil diejenigen, die Neues wagen und die Grenzen verschieben wollen, stets als unbequem und manchmal sogar als verrückt betrachtet werden. Und zuletzt: Geh auf dem Weg anständig mit Menschen um, begegne ihnen auf Augenhöhe und hole sie für deine Vision ins Boot; weil gemeinsam immer mehr erreichbar ist.

Ich verdanke meiner Ausbildung in Krems viel. Noch mehr verdanke ich Heinz Boyer für sein Vorbild, seine Leadership und dafür, dass er diesen Rahmen für meine Entwicklung erschaffen hat.

ICH VERDANKE MEINER AUSBILDUNG IN KREMS VIEL. NOCH MEHR VERDANKE ICH HEINZ BOYER FÜR SEIN VORBILD, SEINE LEADERSHIP UND DAFÜR, DASS ER DIESEN RAHMEN FÜR MEINE ENTWICKLUNG ERSCHAFFEN HAT.

ANTON EIMER

ehemaliger Leiter der Schulpsychologie in Niederösterreich
und langjähriger Freund von Heinz Boyer

Es ist schlimm, wenn ein »Nicht genügend« zum Druckmittel wird, wenn Lebenschancen genommen werden. Es sollte immer klar erkennbar und begründet sein, warum es zu einer Negativbeurteilung gekommen ist. Heinz Boyer hat stets klare Begründungen für Misserfolge seiner Schüler erwartet, ein kurzes, nicht erklärbares »Setzen, 5!« konnte er nicht akzeptieren. Welche Chancen wurden dem Schüler bis dahin gegeben, warum konnten diese Chancen nicht genützt werden? Diese Fragen waren und sind für den Bildungsmanager Heinz Boyer wichtig. Weil es gut zum Werdegang von Heinz Boyer passt, darf ich an die Aussage des Sektionschefs im Unterrichtsministerium über den jungen Direktionsaspiranten erinnern: »Geben wir ihm die Chance, in Krems das Projekt HLF zu starten.« Der Satz wurde gleichsam zum Lebensmotto von Heinz Boyer: »Chancen bekommen, Chancen nützen!«

DAS NÜTZEN VON CHANCEN ZUR RICHTIGEN ZEIT FASZINIERTE MEINEN FREUND SCHON VON JUGEND AN

Das Nützen von Chancen zur richtigen Zeit faszinierte meinen Freund schon von Jugend an, und wenn die Schüler, Lehrer und Mitarbeiter »seiner« HLF Chancen wahrgenommen haben, dann war auch er begeistert. Er darf es auch sein, denn die Erfolge der Absolventen und Lehrer lassen sich wie das Who is Who von Prominenten unserer Gesellschaft lesen. Bei manch gemeinsamer Reise in ferne Länder hörte ich nicht nur einmal auf dem einen oder anderen internationalen Airport ein freundliches und überraschendes »Oh, Herr Direktor Boyer, nett, Sie zu sehen!«. Es ist für mich überaus wohltuend, als Schulpsychologe, als Freund miterleben zu dürfen, wie gerade in solchen Episoden das Bildungsziel seines pädagogischen Tuns klar zu erkennen ist. Denn ein weiterer seiner Leitsätze lautete: »Motivierte Lehrer haben motivierte Schüler!«

Übrigens durfte ich diese Grundsatzforderung anlässlich des Jubiläums »10 Jahre HLF Krems« in seiner Festansprache hören. An diesem Feiertag von besonderer Bedeutung blieb der noch junge Direktor ruhig und sachlich und leitete gleichzeitig und höchstpersönlich die Lösungsschritte für eine plötzlich bekannt gewordene Drogenmissbrauchsgeschichte an seiner Schule. Niemand von den zahlreich erschienenen Ehrengästen, Eltern, Medienvertretern und Schülern merkte etwas, weder vom unangenehmen Ereignis noch von der inneren Anspannung des Direktors.

Heinz Boyer, Kriminalpolizisten und auch ich waren statt an der Festtafel mit der Aufklärung in strukturierter, klarer und stets menschlicher Vorgangsweise beschäftigt: Heinz Boyer, der kompetente Krisenmanager und Direktor einer Herzeige-Schule.

Wenn es um das Wohl, die körperliche und seelische Gesundheit, um Bildung und Entwicklung seiner Schüler, Lehrer und Angestellten ging, scheute er weder Mühen noch Zeit. Da passen die Worte von Thomas Edison, dem großen amerikanischen Erfinder der Glühbirne, der als Zeitungsjunge begann und oft 18 Stunden täglich gearbeitet hat, auf die Frage, wie er das alles geschafft habe: »Ich habe mein ganzes Leben lang keinen einzigen Tag gearbeitet. Es war alles ein Vergnügen.«

Im Rückblick konnte niemand erahnen, was da aus dem kleinen Bäckerbuben aus dem Weinviertel geworden ist. Die Nachkriegszeit, die Nähe zum Eisernen Vorhang, eigentlich das Ende der (freien) Welt, das schwer angeschlagene Wirtschafts- und Bildungssystem boten zunächst wenig Hoffnungen auf eine bessere Zukunft. Doch Heinz, der begabte Schüler, bekam seine Chance, und wir Hollabrunner Jungspunde durften die große Chance auf eine höhere Bildung in der Schulstadt Krems nützen. Da kreuzten sich unsere Wege zum ersten Mal: Heinz, der HAK-Schüler und kommende Ökonom, ich auf dem Weg zum Lehrer.

Und danach gibt es einige Jahre der Stille in unserer Freundschaft, denn jeder von uns arbeitete am beruflichen Werdegang, gründete die eigene Familie, baute ein oder gar zwei Häuser, Heinz in Hollabrunn und dann in Krems, ich in Krems-Egelsee.

Heinz Boyer nützt die schon zitierte Chance, die ihm der Sektionschef eröffnete, und gründet eine Tourismusschule nach der anderen: jede davon erfolgreich, zukunftsweisend und mit starkem unternehmerischen Geist geführt. Krems wird durch Heinz Boyer und sein Team zur Schul-, Hochschul- und Universitätsstadt mit der größten Schülerzahl, bezogen auf die Einwohner, und mit besonderem internationalen Flair. Das muss einmal klar ausgesprochen werden:

Das Erscheinungsbild unserer wunderschönen und so erfolgreichen Schulstadt ist maßgeblich vom Ehrenbürger Heinz Boyer gezeichnet worden. Wir Weinviertler waren sofort in diese Stadt verliebt, und der verliebte Heinz hat sein Herz und seine Kraft der Stadt gegeben.

Wäre ich Historiker, würde ich Heinz Boyer den Beinamen Heinz der Erbauer geben. Eventuell auch Heinz der Große würde passen (groß von Gestalt ist er ja) – oder Heinz der Weise; oder Heinz mit der vollen Tasche (er ist ein Geschäftsmann); oder vielleicht Heinz der Eiserne (das haben mir Personen zugeflüstert, die mit ihm verhandeln mussten).

WÄRE ICH HISTORIKER, WÜRDE ICH HEINZ BOYER DEN BEINAMEN HEINZ DER ERBAUER GEBEN.

EDUARD ABERHAM

ehemaliger Direktor des Hotels Panhans am Semmering und langjähriger Freund von Heinz Boyer

Eine Lebensfreundschaft

Unsere erste Begegnung verlief für mich ein wenig enttäuschend. Heinz Boyer hatte als gerade ernannter Direktor der neuen »Höheren Lehranstalt für Tourismus« in Krems eine illustre Runde von Hoteliers und Gastronomen geladen, um stolz das neue Flaggschiff der Tourismusausbildung in Niederösterreich zu präsentieren. Irgendwie fehlte in dem klassischen Schulgebäude jene Atmosphäre, die man zukünftigen Spitzenfachkräften vermitteln sollte, es fehlte an einem entsprechenden Inventar und der Ausstattung.

DAS GÜTESIEGEL EINES »KREMS-ABSOLVENTEN« SICHERTE TOP-JOBS IN DER BRANCHE.

Wir blieben aber in losem Kontakt, und so erlebte ich die Wandlung eines von außen identitätslosen Betonbaus zu einer mit aller erdenklichen Ausstattung gerüsteten Ausbildungsstätte. Besonders beeindruckend waren aber die Motivation der Lehrkräfte und das selbstsichere Auftreten der wirklich serviceorientierten Schüler. Innerhalb weniger Jahre wurde aus der bescheiden ausgestatteten Fremdenverkehrsschule nicht nur das touristische Flaggschiff Niederösterreichs, es war die renommierteste Ausbildungsstätte Österreichs, und das Gütesiegel eines »Krems-Absolventen« sicherte Top-Jobs in der Branche.

133

Irgendwann kam Heinz dann mit einem Projekt am Semmering zu mir. Das »Panhans« sollte revitalisiert werden, und er hatte dazu das Konzept geliefert. Mir wollte er das Hotel schmackhaft machen, aber es war mir entschieden zu kalt dort oben, und so fuhren wir gemeinsam nach Berlin, um einen zukünftigen Direktor auszusuchen. Irgendwie wurde daraus nichts, und so versuchte er es erneut, diesmal über meine Frau, mich auf den Zauberberg zu locken.

Letztendlich übersiedelte ich dann doch mit meiner Familie vom warmen pannonischen Klima in die raue und einsame Bergregion. In seinem Konzept war bei diesem Projekt auch eine dreijährige Hotelfachschule vorgesehen, aber dabei wollte er es nicht belassen. Also gründete er das ITM, das »Internationale Institut für Tourismus«, um in einem viersemestrigen Programm eine Managementausbildung erstmals in englischer Sprache anzubieten. So etwas gab es damals in Österreich noch nicht, und so kam auch ein wesentlicher Teil der Studenten aus allen Teilen der Welt. Rastlos, wie er war, entstand noch ein Hotelprojekt in Retz mit einer bilingualen Ausbildung in einer ebenfalls neu gegründeten Hotelfachschule in Kooperation mit Tschechien.

Besonders die Tourismusschule am Semmering entwickelte sich rasant. Ursprünglich war sie als dreijährige Fachschule mit zwei Klassenzügen für insgesamt 150 Schüler konzipiert, doch die Nachfrage sprengte die vorhandenen Möglichkeiten. Schließlich bot die Schule neben dem traditionellen Lehrplan auch noch ergänzend Schwerpunktausbildungen als Sommelier, Concierge, Käsekenner, Sportanimateur, Gesundheitstrainer, in Barkunde, Eventmanagement und vieles mehr an. Und das noch in Kooperation und in Austauschprogrammen mit einem knappen Dutzend Tourismusschulen in Amerika, Frankreich, Italien, Deutschland, Spanien und einigen weiteren Ländern. So wurde auch diese Schule ausgebaut und hat heute 550 Schüler und Studenten in verschiedenen Programmen in bilingualen Klassen (Deutsch/Englisch) mit Fremdsprachenunterricht in Englisch, Französisch, Spanisch und Russisch.

Richtig durchgestartet hat er aber erst nach seinem Pensionsantritt. Er hatte schon zuvor in Krems das Internationale Management Center, kurz IMC, gegründet, das mit dem englischsprachigen Diplom-Studiengang »Tourism and Leisure Management« seinen Lehrbetrieb aufnahm. Darüber hinaus bot die Gesellschaft Beratung für touristische Projekte, vorwiegend auf internationaler Ebene, an.

Als »Jungpensionär«, befreit von der Tagesroutine eines Direktors einer »Höheren Lehranstalt«, baute er dieses IMC zu der Trägergesellschaft für Fachhochschullehrgänge aus. Auch hier war er Pionier, nie zuvor war eine solche Form für Hochschullehrgänge praktiziert worden. Die Zahl der am Arbeitsmarkt orientierten Studien explodierte unter seiner Geschäftsführung. Im Jahre 2020 sind es über 32 Studiengänge in den Bereichen Wirtschaftswissenschaften, Gesundheitswissenschaften, Digitalisierung & Technik sowie Life Sciences mit mehr als 3.000 Studierenden und 560 Lehrkräften. 140 Partnerhochschulen in 50 Ländern sind teilweise sogar Lizenznehmer dieser Ausbildungsprogramme.

SEINE AUSBILDUNGS-STÄTTEN ÜBERNAHMEN NIE BEDINGUNGSLOS TRADITIONELLE UND OFT ÜBERHOLTE LEHRPLÄNE

Bei seinen touristischen Beratungstätigkeiten in Aserbaidschan, Persien und Vietnam durfte ich ihn begleiten und an den Projekten mitwirken.

135

Prämissen für ihn waren immer die Erfordernisse der Wirtschaft und des Arbeitsmarktes. Seine Ausbildungsstätten übernahmen nie bedingungslos traditionelle und oft überholte Lehrpläne, die naturgemäß Absolventen hervorbrachten, die sich später in der Praxis wieder neu orientieren mussten. Er betrachtete seine Schulen als Unternehmen, auch unter dem Aspekt des Eigenmarketings, der an traditionellen Schulen bis dahin völlig gefehlt hatte. Daher die Aufsplitterung des Lehrplanes an den »Höheren Lehranstalten« in Fach- und Neigungssegmente und später die Fachhochschullehrgänge nach den Erfordernissen der Wirtschaft und des Arbeitsmarktes.

Die Berührungspunkte an unseren Lebenswegen sind für mich herausragende Momente, seine Dynamik und seine Motivationsgabe sind ansteckend und inspirierend, aber auch fordernd. Es stimmt mich heute noch frohgemut, wenn er mich anruft und sagt: »Du, ich hätte da wieder ein neues Projekt …«

ES STIMMT MICH HEUTE NOCH FROHGEMUT, WENN ER MICH ANRUFT UND SAGT: »DU, ICH HÄTTE DA WIEDER EIN NEUES PROJEKT …«

DILOROM BEGMATOVA

Executive Director of the University of Economics and Technology (TOBB ETÜ), Tashkent Branch

The first time I met with Heinz Boyer was in August 2019 in Krems, Austria. At that time I visited Krems for the training week for IMC transnational partners at the IMC University of Applied Sciences. As a vice-rector for international cooperation of Tashkent State University of Economics (Uzbekistan) I represented my university. Moreover, IMC University of Applied Sciences Krems successfully realizes a joint educational double degree program with Tashkent State University of Economics in the field of education »tourism and leisure management« and »export-oriented management«.

AS EVERYONE KNOWS THE FIRST MEETING, THE FIRST IMPRESSION IS VERY IMPORTANT AND DE-TERMINES THE FUTURE ACQUAINTANCE.

As everyone knows the first meeting, the first impression is very important and determines the future acquaintance. During our meeting I would like to highlight that Heinz Boyer's enthusiasm, energy, experience and of course his ideas and visions of our partnership were very close in spirit to me.

During my tenure as vice-rector, I had the experience of working with many foreign universities, but for me the partnership with IMC Krems University and personally with Heinz Boyer is a special one. This can truly be called a productive and fruitful partnership for a number of reasons: first of all because of him and his well experienced professional academic team, because of the personal touch, all around support and international focus.

Moreover, during his visits to Tashkent we also have meetings and negotiations. And here I would like to emphasize his strategic vision targeting the future in different areas of our life. Heinz Boyer's ability to work across countries is a strength not everyone has. I was impressed with the efficiencies of his working.

I am sure that knowledge, experience and strategic vision of Heinz Boyer given in this book will have a great contribution for the young generation of educators, managers, leaders. Availing myself this opportunity, I would like to express my profound respect for Heinz Boyer's contribution to the development of education and science around the world.

I WOULD LIKE TO EXPRESS MY PROFOUND RESPECT FOR HEINZ BOYER'S CONTRIBUTION TO THE DEVELOPMENT OF EDUCATION AND SCIENCE AROUND THE WORLD.

CHRISTIANA WEISS

ehemalige Schülerin der HLF und langjährige Mitarbeiterin der IMC FH Krems

Visionärer Schuldirektor

Ich kenne Heinz Boyer seit 1981, damals begann ich an der HLF Krems meine touristische Ausbildung, die ich 1986 mit der Matura abschloss. Ich glaube, er war damals der jüngste Schuldirektor Österreichs. Schon damals, ich kann mich gut erinnern, hat er mir erlaubt (es war eine Sondererlaubnis, weil es so nicht vorgesehen war), mein letztes Pflichtpraktikum in Südafrika zu absolvieren. Er suchte immer nach Argumenten, warum etwas geht, und nicht umgekehrt. Das zeichnete ihn als Schuldirektor aus. Nach dem Motto: »Alle sagen, das geht nicht, dann kam einer und hat es einfach gemacht.«

Fragen S' nicht lang – machen S' einfach

»Wenn man den Boyer bei der einen Tür hinauswirft, dann kommt er bei der anderen wieder herein.« Diese Aussage des damaligen Landeshauptmannes Erwin Pröll hat er mir oft erzählt. Er wollte mir damit sagen, dass man nicht bei der ersten Gelegenheit aufgeben soll, wenn man sich für eine Sache einsetzt. Und so war das auch, als er Anfang der 1990er-Jahre für Krems als FH-Standort kämpfte, wie er mir erzählte. Es sei ihm nichts in den Schoß gefallen. Ich bin stolz darauf, die erste Mitarbeiterin der IMC FH Krems gewesen zu sein, und das bis heute – 26 Jahre und noch immer ist mein Job auch meine Leidenschaft. Von 2002 bis 2006 habe ich an meiner »Arbeitsstätte« sogar ein berufsbegleitendes Studium absolviert. Besser kann man sein

Unternehmen nicht kennen als aus der Sicht einer Mitarbeiterin und einer Studentin bzw. Absolventin.

»FRAGEN S' NICHT LANG, MACHEN S' EINFACH«, BEKAM ICH OFT VON IHM ZU HÖREN.

Damals, 1994, mussten wir noch viel improvisieren – wir mussten Pioniergeist zeigen, aber das hat uns zusammengeschweißt. »Fragen S' nicht lang, machen S' einfach«, bekam ich oft von ihm zu hören. Für manche mag das nicht der passende Führungsstil sein, für mich war er es, da ich Freiräume-Geben, Verantwortung-Übertragen und Vertrauen-Schenken für Mitarbeiter als sehr wichtig erachte. Es sind Faktoren, die Innovationen und Ideen hervorbringen. Aber das macht noch nicht den Erfolg aus, es sind die umgesetzten und nachhaltig durchgeführten Ideen, Visionen und Innovationen, die für eine gute Reputation und einen hohen Bekanntheitsgrad einer Hochschule verantwortlich sind.

Also ja, er hat mich auch in meinem Führungsstil geprägt. Aber es gab auch raue Zeiten, in denen wir ein bisschen aneinandergeraten sind. Das Gute daran war, dass er überhaupt nicht nachtragend ist. Wie würde ich Heinz Boyer in drei Worten beschreiben? Weltoffen – weitblickend – widerstandsfähig.

WIE WÜRDE ICH
HEINZ BOYER IN DREI
WORTEN BESCHREIBEN?
WELTOFFEN —
WEITBLICKEND —
WIDERSTANDSFÄHIG.

SCHLUSSWORT DER CO-AUTORIN MARTINA BAUER

Ich habe Heinz Boyer im Zuge von Recherchen für Geschichten über das Waldbaden und Heilwälder kennengelernt. Irgendwann kamen wir auf das österreichische Bildungssystem zu sprechen. Da gab es dann kein Halten mehr. Ich kannte bis dahin nur Eckdaten von meinem Gesprächspartner, wusste aber nicht, wie sehr er für dieses Thema brennt. Plötzlich flackerte es in seinen Augen, und er begann zu erzählen. Davon, was er auf diesem Gebiet schon alles initiiert und umgesetzt hat, woran das herkömmliche Bildungssystem krankt und, weil Raunzen zu wenig ist, wie er es in seinen Einrichtungen einfach besser macht. Schnell war klar, dass dieses Tun aus dem Sein kommt. In diesem Fall aus dem Anderssein.

Passiert nicht oft, aber ich war ob dieser klaren und sinnstiftenden Ausrichtung sprachlos. Vor allem das Modell der ISK begeisterte mich. Wir verabredeten uns zu einem neuerlichen Treffen, bei dem ich diese junge Talenteschmiede besuchen wollte, um darüber einen Bericht zu schreiben. Es waren unglaublich berührende Eindrücke, mit denen ich in der ISK konfrontiert wurde. Von den Themen in Bezug auf die Gestaltung der Gänge und Klassen bis zur Lern-Euphorie der Kinder – alles einfach nur wundervoll.

Das hätte ich mir nicht träumen lassen, dass ich einmal gerne die Zeit zurückdrehen würde, um nochmal die Volksschulbank zu drücken. Aber genau das wünschte ich mir bei diesem Besuch, der mich nachhaltig in seinen Bann zog. Wenn es in einer Schule so sein kann, dann kann es in allen so sein. Es sollte in allen so sein. Es ist also nicht das Unmögliche, das angedacht werden muss, will man in unserem maroden Schulsystem eine Änderung herbeiführen. Es ist möglich. Mehr als das. Es ist die logische Konsequenz, wenn man die ausgetretenen Pfade des herkömmlichen Bildungssystems verlässt, denn die sind bereits so tief, dass sie sich zu Fallgruben entwickelt haben.

Nicht nur die PISA-Studie ist ein regelmäßiger Beweis dafür. Sie hängt wie ein Damoklesschwert über den Köpfen der Schüler und unserer Zukunft. Demzufolge war selbige bereits vor der COVID-19-Ära nicht so rosig. Für ein Land mit den Ressourcen, wie sie Österreich hat, kann der Anspruch keine dergestalte Mittelmäßigkeit in Sachen Bildung sein, wobei man bereits die Betonung auf mäßig legen muss. Und das bei enormem Druck auf die Schüler, der oft an Unerträglichkeit grenzt.

An dieser Stelle möchte ich eine kurze Geschichte aus meinem Bekanntenkreis erzählen: Die Tochter einer Freundin veranstaltete auf deren Anwesen mit zehn Klassenkameradinnen eine kleine Maturafeier. Wobei es das Wort »feiern« nicht ganz trifft. Die Stimmung war gedrückt. Etwas aufmunternd sagte die Mutter: »Na, jetzt habt ihr die Matura auch geschafft!« Daraufhin eine der jungen Frauen: »Ja, aber zu welchem Preis? Fünf von uns waren am Weg dorthin bereits in der Psychiatrie!«

Es würde hier zu weit führen, näher auf die Problematiken der Schülerinnen einzugehen. Aber sie hatten allesamt mit der Schule zu tun.

Eine ihrer Kameradinnen konnte dem Druck nicht standhalten und nahm sich das Leben.

Das ist nur eine von vielen Geschichten, die mir Freunde mit Kindern erzählen. Es ist völlig unerheblich, ob sie in die Volksschule gehen oder maturieren. Die Kinder sind maßlos überfordert. Nicht mal, wenn wir Finnland oder anderen nordischen Ländern bei der PISA-Studie den Rang ablaufen könnten, wäre es diesen Preis wert.

Da dem aber ohnehin nicht so ist, muss man resümieren, dass unser Schulsystem an allen Ecken und Enden versagt. Daran festzuhalten ist wie das in der Politik allseits beliebte Reiten von toten Pferden. Es ist hoch an der Zeit, dass die Verantwortlichen aufhören so zu tun, als säßen sie noch am hohen Ross, denn dieses ist bereits tot. Mausetot! Absteigen und mutig auf neuen Wegen marschieren, das ist das Gebot der Stunde. Denn auf den alten Pfaden würde man auch zu Fuß in Gruben stürzen. Das bestätigen die vielen Reformen, die allesamt unter den Terminus Verschlimmbessern zu reihen sind und niemandem dienen. Am allerwenigsten den Schülern. Aber genau um die geht es. Und nur um die.

Das hat Heinz Boyer erkannt. In all seinen Bildungseinrichtungen stehen sie im Mittelpunkt. Sie sind die Konsumenten seines Produktes, der Bildung. Ein Synonym für konsumieren ist aufzehren. Verzehren gefällt mir in diesem Zusammenhang noch besser. Wenn sich junge Menschen nach Bildung verzehren, dann hat man alles richtig gemacht. Von der ISK bis zur IMC Fachhochschule sind Schüler und Studenten gleichermaßen hungrig: nach Bildung und nach Wissen, das in diesen Einrichtungen aufgrund der Philosophie, gepaart mit Weisheit, daherkommt. Geboten im Rahmen einer maximal möglichen

Wohlfühlatmosphäre, mit hoher sozialer Kompetenz, basierend auf Respekt und Achtung. Einfach alles, was wichtig ist, auch und vor allem im Leben »draußen«.

Es hat viele Anläufe gebraucht. Händeringend habe ich gefleht: »Bitte schreiben Sie mit mir dieses Buch. Zeigen Sie allen, dass Schule Spaß machen kann, dass das Absolvieren eines Studiums an einer wirtschaftlich geführten Universität auch eine Jobgarantie inkludieren kann. Es ist so wichtig aufzuzeigen, dass es anders auch geht und vor allem wie es anders geht.« Ein paar Monate hat er sich geziert, aber dann hat er Ja gesagt.

Der Titel war schnell gefunden. Er ist dem maroden heimischen Bildungssystem geschuldet. Doch schon bei der ersten Besprechung stand fest: Es ist nicht die Philosophie des Bildungsunternehmers, sich lange mit Problemen aufzuhalten. Der Mann ist lösungsorientiert – der Inhalt dieses Buches ist es auch. Er soll nicht aufzeigen, was alles schiefläuft. Das ist hinlänglich bekannt. Davon wissen Schüler, Eltern und auch Lehrer Lieder zu singen.

Jammern alleine ist zu wenig. Man muss schon was tun. Darum wird hier aufgezeigt, wie es ist, wenn man andere Wege einschlägt und wo sie hinführen. Dieses Buch soll ein Anstoß für Veränderung sein, die so dringend notwendig ist. Im wahrsten Sinne des Wortes, in dem die Not zur Wende führen möge. Zum Wohle der Kinder und der Zukunft unseres Landes. Das ist der Wunsch. Das ist das Ansinnen. Danke für Ihr Vertrauen und Ihr unermüdliches Schaffen, lieber Heinz Boyer. Es war mir eine Ehre und ein unsagbares Vergnügen, mit Ihnen dieses Buch zu schreiben.

Heinz Boyer mit der Rektorin der Christian University und Tochter Ulrike Prommer anlässlich der Verleihung des Ehrendoktorats der Christian University, Bangkok — Thailand

LEBENSLAUF

HON.PROF. DR.H.C. DKFM. MAG. HEINZ BOYER

PERSÖNLICHE DATEN

Name: Heinz Michael Boyer
Akadem. Titel: Dkfm. Mag.
Geburtsdatum: 02.09.1944
Geburtsort: Nappersdorf, Niederösterreich
Nationalität: Österreich

AUSBILDUNG

* Volksschule in Nappersdorf
* Gymnasium in Strebersdorf
* Handelsakademie in Krems
* Studium an der Hochschule für Welthandel in Wien (Abschluss mit dem akademischen Grad »Diplomkaufmann«)
* Lehramtsprüfung an der Hochschule für Welthandel in Wien (Abschluss mit dem akademischen Grad »Magister«)

BERUFLICHER WERDEGANG

* *1975–2003*
  Aufbau, Neubau und Leitung der Bundeslehranstalt für Tourismus in Krems (HLF Krems) samt Lehrhotel mit ca. 700 Schülern und 120 Mitarbeitern

* *ab 1979*
Mitarbeit bei der Revitalisierung der Region Semmering mit Hotel Panhans/Neubau und Aufbau der Hotelfachschule Semmering/ Gründung des »Internationalen Institutes für Tourismus und Management« (ITM) mit Sitz Semmering als private GmbH, Funktion: geschäftsführender Gesellschafter; damals das erste österreichische Ausbildungsinstitut mit Unterrichtssprache Englisch und internationaler Ausrichtung

* *bis dato*
betriebsberatende sowie betriebsorganisatorische Tätigkeit einschließlich zahlreicher Studien und Tourismuskonzeptionen im In- und Ausland

* *1987–1993*
Aufbau des touristischen Pilotprojektes Althof-Retz, von der Projektidee bis zur Eröffnung als Geschäftsführer der Althof-Errichtungs- und Betriebs-GmbH

* *1988*
Gründung und Aufbau der Gastgewerbefachschule Retz/Gründung von ITM Prag als Lizenzinstitut mit der Hoteliervereinigung der ČSR

* *1994–2014*
Gründung der IMC Fachhochschule Krems GmbH, Funktion: Geschäftsführer

* *ab 2014*
Vorsitzender des Aufsichtsrates der IMC Fachhochschule Krems GmbH

* *2015*
  Initiator, Gründungs- und Beiratsmitglied der ISK – International
  School Krems; Geschäftsführer 2016–2018

* *2017–2019*
  Mitglied des Aufsichtsrates der Karl Landsteiner Universität für Gesundheitswissenschaften; Initiative zur Gründung SeniorInnenUNI

AUSZEICHNUNGEN

* Ehrenring der Stadt Retz
* Ehrenring der Gemeinde Semmering
* Ehrenring der Stadt Krems
* Comenius-Medaille des Tschechischen Unterrichtsministeriums
* Goldenes Ehrenzeichen für Verdienste um die Republik Öster-
  reich
* Doppeladler der Stadt Krems in Gold
* Großes Ehrenzeichen für Verdienste um das Bundesland Nieder-
  österreich
* Verleihung der Ehrendoktorwürde der Christian University of
  Thailand
* Verleihung der Ehrenprofessur der Qingdao-Universität in China
* Verleihung der Ehrenbürgerschaft der Stadt Krems
* Ernennung zum Ehrenpräsidenten des Fördervereins der Touris-
  musschule HLF Krems
* Verleihung des silbernen Komturkreuzes des Ehrenzeichens für
  Verdienste um das Bundesland Niederösterreich

IMPRESSUM

SETZEN, 5!
DIE PÄDAGOGISCHE HERAUSFORDERUNG IST EINE ANDERE

AUTOR: Dr. h.c. Mag. Dkfm. Heinz Boyer
AUFGEZEICHNET VON: Martina Bauer

1. Auflage 2021
Alle Rechte vorbehalten
Copyright © 2021 by Kral GmbH, Kral Verlag
J.-F.-Kennedy-Platz 2, A-2560 Berndorf
E-Mail: office@kral-verlag.at

UMSCHLAG- UND GRAFISCHE INNENGESTALTUNG:
Katharina Zenger, designkostprobe
COVERBILD:
© iStockphoto.com/PeopleImages
Printed in EU
ISBN: 978-3-99024-987-1

BESUCHEN SIE UNS IM INTERNET: www.kral-verlag.at